Lachend durchs Alter

Helge Holm

Helge Holm

Lachend durchs Alter

Ein humorvoller Ratgeber für die besten Jahre

DeBehr

 Herausgeber: Verlag DeBehr, Radeberg
2. Auflage: 2024
(Erstauflage: "Wenn die Falten fröhlich knittern", 2022)
ISBN: 9783987272431

Vorwort

„Das bisschen Alter kann uns mal“ schrieb ich im ersten Teil. Warum nun einen zweiten Teil?
Eigentlich ganz einfach:
Im ersten Teil habe ich das Leben von Menschen in der zweiten Lebenshälfte anhand der mir wichtig erscheinenden Themen betrachtet. Es ist ein Mix entstanden, der Wahrheit, etwas Weisheit und diverse Ratschläge umfasste. Das Ganze gewürzt mit einer Prise Ironie, manchmal auch mit derbem Witz und in jedem Fall in dem Bemühen, darüber zu informieren, was auf uns alle zukommt – vorausgesetzt wir erleben es.

Bereits kurz nach dessen Fertigstellung kamen mir Zweifel, ob ich vollständig und umfassend gewesen bin.
Tatsächlich stellten sich mir eine Reihe von Fragen, die ich gern noch behandeln wollte. Frei nach dem Motto „Das Leben ist der reine Wahnsinn, vor allem in der zweiten Lebenshälfte,“ war ich der Meinung, die Geschichte ist noch nicht auserzählt.
Und so habe ich gegen Ende des Jahres 2021 angefangen, die zahlreichen Ideen zu fixieren, zu erfassen und sie nacheinander auszuarbeiten. Entstanden sind kleine Geschichten aus unseren Lebensbereichen, die zeigen, wie wir das Leben meistern, so oder so, und uns dabei oftmals selbst im Wege stehen.
Auf diese Weise ist ein 2. Teil von „Das bisschen Alter kann uns mal …!“ entstanden, der als eine Fortsetzung mit neuen Themen, über die ich noch nicht geschrieben hatte, aufgefasst werden kann.

Gut gemeint ist häufig nicht gleich gut gemacht. Besonders der nach Perfektion strebende Zeitgenosse schießt schnell mal über das Ziel hinaus. Sie werden manches wiedererkennen, vielleicht auch sich selbst. Vor allem aber kennen Sie die geschilderten

Lebenssituationen, egal ob es um Arbeit, Freizeit, Sport, Urlaub, Einkaufen oder die täglichen Verrichtungen im Haus geht. Mal sind es Fallstricke, mal Missgeschicke, mal Kommunikationsprobleme. Überall lauert die Unzulänglichkeit.
Und so ist dieses Buch in mancherlei Hinsicht auch wieder ein Ratgeber, und zwar im doppelten Sinne. Wenn Sie es lesen, werden Sie sehen, wie etwas geht und auch wie etwas nicht geht oder wie man es nicht machen sollte.
In jedem Fall wünsche ich Ihnen dabei viel Vergnügen!

Ich bedanke mich bei allen, die mich während der Überlegungen zu diesem Buch bestärkt und unterstützt haben. Besonderer Dank geht an die vielen Zeitgenossen, die ich nicht persönlich kenne, die mir aber durch ihre Äußerungen und Verhaltensweisen den Stoff für dieses Buch geliefert haben.

Helge Holm

Inhalt

Vorwort zum ersten Teil

Kennen Sie das auch?
Den ganz normalen Wahnsinn, wenn Sie die 50 hinter sich gelassen oder vielleicht sogar die 60 bereits erreicht haben.
Ruhe- und rastlos wie ein Herbststurm durchzieht das Leben die Tage, weil die gefühlte Zeit immer schneller vergeht. Die noch verbleibende Lebenszeit vor Augen und auf der Suche nach Genuss stellen Sie sich regelmäßig die Sinnfrage.

Die Kinder sind aus dem Haus, die tägliche Arbeit verläuft routiniert, die Finanzen sind geordnet, das Haus bestellt und der Alltag ist geregelt. Den Ruhestand erreicht oder ihn direkt vor Augen suchen Sie Ihren künftigen Platz. Eigentlich müssen Sie niemandem mehr etwas beweisen. Sie haben es aber ihr ganzes bisheriges Leben gemusst und nun fühlen Sie sich wie in einem Hamsterrad, das weiterläuft. Aussteigen geht nicht. Hebel umlegen ist schwierig. Wie meistern Sie die verbleibende Zeit und was erwartet sie noch? Rückblick und Vorausschau wechseln sich ab.

Loriot hat es vorgemacht. Sein „Pappa Ante Portas" war ein beispielhaftes Meisterwerk über den holprigen Übergang vom Arbeitsleben in den Ruhestand. Wenn Sie diesen Status erreicht haben oder sich kurz davor befinden, erleben Sie den alltäglichen Wahnsinn:
Die Suche nach sinnstiftenden Tätigkeiten bei gleichzeitig nachlassenden körperlichen und geistigen Kräften, die zunehmende Auseinandersetzung mit Krankheiten im Alter oder beginnenden Gebrechlichkeiten, die Frage nach der verbleibenden Zeit, die panische Suche nach dem Genuss im doch so verdienten Ruhestand, die Erziehungsprobleme Ihrer Kinder bei Ihren Enkeln und warum Sie dazu nicht gefragt werden, die hektische Suche

nach neuen Zielen … und manches mehr.

Was uns in dieser Zeit begleitet, ist die banale Alltäglichkeit, der wir im aktiven Berufsleben erfolgreich aus dem Weg gehen konnten – zumindest immer dann, wenn wir arbeiten durften. Sie aufzuarbeiten mit Wahrheiten, denen wir ins Auge sehen müssen, Altersweisheiten, die uns immer stärker umgeben, Ratschlägen, die unsere Nachkommen eigentlich gar nicht brauchen und den kleinen, aber feinen täglichen Unzulänglichkeiten, begleitet uns nun.

Dabei wollen wir gar keine Rückwärtsbetrachtung anstellen. Wir schauen nach vorn, auch wenn wir nichts sehen. Es reichte schon, eine Biografie über die Vergangenheit geschrieben zu haben. Nach ihrer Fertigstellung war es eine innere Befreiung und auch Befriedigung. Aber egal, ob es die Biografie ist, mit der die Vergangenheit aufgearbeitet wurde oder die Tagebücher oder auch die Urkunde für die langjährige und verdiente Berufstätigkeit.
Alle diese Meilensteine im Leben zeigen im Wesentlichen eines: „Das war`s“! Eine Etappe ist durchlaufen, es ist vorbei und geht trotzdem noch weiter– was nun?

Sie denken an die „Goldene Kamera für das Lebenswerk“, die alljährlich im Fernsehen einem verdienten Künstler verliehen wird, der dafür das richtige Alter erreicht hat. Mit ihr schwingt so ein bisschen das Gefühl, er möge nun Ruhe geben und bitte keine neuen Veröffentlichungen oder Projekte ankündigen. Der Preis soll doch ein Abschied sein. Letzter Akt.
Geh` mit Gott im Glanze des Beifalls der ganzen Prominentenschar – aber geh`!
Trotzdem bleibt die Erkenntnis, dass, so lange wir leben, selbst ein solcher Preis für das Lebenswerk nur eine Etappe sein wird. Der Empfänger des Preises geht ja nicht anschließend direkt zum

Bestatter und verfügt seine Beerdigung. Es geht also doch noch weiter. Sich vor Augen zu führen, dass ein wesentlicher Teil des Lebens vorbei ist, bleibt dennoch schmerzhaft. Will ich dann einen solchen Preis überhaupt bekommen?
Es tröstet zu sehen, Prominente haben die gleichen Probleme wie „normale" Menschen. Sie sind es doch auch. Die Fallhöhe ist sogar größer bei Ihnen, was es eher schwerer macht.
Haben Sie zu Glanzzeiten gern mal ihre normale Seite gezeigt und sich beim Abwaschen oder Bügeln filmen lassen, um zu zeigen, dass sie es auch beherrschen, so mögen sie das plötzlich nicht mehr, wenn sie es öfter tun sollen oder gar müssen.

Ein Trost in dem Augenblick, an dem Otto Normalbürger von seinem letzten Arbeitstag blumenüberhäuft und mit Glückwunschkarten versehen zu Hause ankommt und mit den Worten empfangen wird: „Hallo Liebling, wie war es ?" ... Dabei will sie es gar nicht so genau wissen. Dafür hat sie eine andere Botschaft: „Du, ich habe mir schon mal überlegt, wie wir ab heute den Haushalt aufteilen. Du findest den Plan auf dem Wohnzimmertisch."
Sie könnten in einer solchen Situation entgegnen, sie hätten nun endlich Zeit für die Dinge, die sie schon immer mal machen wollten, es aber bisher nicht geschafft haben, weil sie ja täglich arbeiten mussten. Was war das noch gleich? Ach ja … Den Keller aufräumen und die Dachkammer entrümpeln. Nun ja … dazu haben Sie nun partout keine Lust. Hatten Sie früher schon nicht. Genau genommen würde man dann lieber doch noch arbeiten gehen.

Prompt fällt auch Ihrer Gattin diese alte und immer noch nicht abgearbeitete „To-do-Liste" ein. Eilig schiebt sie nach: „… oder räum doch endlich mal den Keller auf."

Nach kurzem Nachdenken sagen Sie leicht resigniert: „Ich kann ja mal einen Blick auf Deine Liste mit dem Haushalt werfen."

Was erwartet uns Zeitgenossen im besten Alter? Entdecken wir Neues? Verfangen wir uns im Alltagstrott? Verzweifeln wir an Langeweile? Bauen wir Kontakte auf oder ab? Möchten wir die Uhr zurückdrehen? Und wie nehmen wir jetzt unsere Umgebung wahr und diese uns?
Diese und etliche weitere Fragen rund um den Alltag im Leben reiferer Menschen sind das Leitbild dieses Buches. Die Themen sind teils ernst, teils humorvoll dargestellt.

Ich wünsche Ihnen viel Spaß bei der Lektüre und hoffe, Ihnen einige Erkenntnisse vermitteln zu können, die Ihnen für den Fall der Fälle nützlich sind!
Helge Holm

Bin ich alt genug für dieses Buch?

Es ist ganz normal, wenn Sie sich angesichts des Buchtitels nicht sicher sind, ob Sie der Zielgruppe angehören. Ich habe bereits im 1. Teil dieses Buches provokativ offen gelassen, wen ich eigentlich ansprechen möchte.
Ich kann Sie aber auf jeden Fall beruhigen. Es gibt kein Mindestalter, um dieses Buch und den Teil 1 genießen zu können oder für sich als zutreffend gelten zu lassen. Sie interpretieren Ihre Betroffenheit selbst. Schließlich ist man so alt, wie man sich fühlt.
Außerdem – wann beginnt eigentlich die zweite Lebenshälfte? Ganz einfach: Wenn die erste abgeschlossen ist. Und wann bitte ist das der Fall? Das ist wiederum nicht so einfach.
Brauchen Sie eine Hilfestellung? Gern!

Erstmalig beginnt für Sie bereits dann eine neue Lebenshälfte, wenn Sie sich von Ihren Eltern losgelöst und einen eigenen Haushalt gegründet haben, Sie also selbstverantwortlich Ihr Leben bestreiten. Zugegeben … das kann bereits mit knapp 20 Jahren passiert sein. Ihre Lebenssituation ist in diesem Fall eine andere als die der Menschen mit über 40 oder 50 Jahren. Ist es aber nicht so, dass Sie sich in Ihren Zwanzigerjahren auch bereits „fürchterlich alt“ gefühlt haben? Bei mir war es so.
Dass Sie Ihre kindliche Leichtigkeit verloren haben? Dass Ihnen manche Dinge schwerfallen? Sie vielleicht sogar einmal sagen, Sie seien für etwas zu alt. Sehen Sie: Erfahrungen sind also durchaus vorhanden. Erfahrungen auch im Rückblicken. Somit haben wir doch bereits eine gemeinsame Bezugsgröße.

Unsere moderne Industriegesellschaft in unserem hochtechnisierten Land überfordert uns ständig mit Neuheiten. Wer nicht mitgeht, fällt zurück. Haben Sie nicht schon einmal für sich die

Entscheidung getroffen, sich aus einem aktuellen Modetrend auszuklinken? Egal, was es war. Kleidung, Musik, Wohnungseinrichtung, Ansichten über das Leben …
An dieser Stelle bringen Sie Ihre Lebenserfahrung ins Spiel. Sie erkennen für sich, was wichtig, weniger wichtig und unwichtig ist. Auch wenn Sie die Bezeichnung „Senioren“ angesichts Ihres vielleicht verhältnismäßig jungen Alters noch nicht für sich gelten lassen wollen – Sie erfüllen bereits eine wichtige Voraussetzung, um zur Zielgruppe in diesem Buch zu gehören: Sie haben Erfahrungen gemacht. Diese Erfahrungen haben Ihnen Erkenntnisse vermittelt, aus denen Sie Werte ableiten. Werte, die Sie an anderer Stelle im Leben brauchen, um Entscheidungen treffen zu können. Und über diese Erfahrungen lässt sich reden. Oder in meinem Fall schreiben.

So sind Sie bereits relativ früh im Kreise all derer angekommen, die mitreden können, und für die vielleicht noch sehr viel mehr gilt: Das bisschen Alter kann uns mal …! Verstehen Sie es im reinen Wortsinne, so haben Sie doch lediglich ein „bisschen“ Alter vorzuweisen. Und genau das genügt, um hier angesprochen sein zu können.
Denn immer wieder gibt es neue Modetrends. Irgendwann folgen Sie diesen Trends nicht mehr, weil Sie ganz einfach nicht mehr die Aktualität verfolgen wollen. Es interessiert Sie nicht mehr. Es gefällt Ihnen nicht mehr. Früher gefiel es Ihnen besser. Was tun Sie also? Sie klinken sich aus und verfahren nach eigenem Gutdünken. Oder aber Sie bevorzugen frühere Modeerscheinungen. Oder prinzipiell gar keine.

Ein klares Indiz für die Zugehörigkeit zur Zielgruppe dieses Buches ist auch die Rückwärtsbetrachtung. Spielt sich Ihr Leben überwiegend in der Vergangenheit ab? Und beziehen Sie daraus Ihre Lebensweisheiten? Dann sind Sie automatisch dabei. Aber das lässt sich noch steigern bzw. erhärten:

Verweigern Sie sich technischen Neuerungen, z. B. Smartphones, Computern oder dem digitalen Fernsehen? Sie haben noch einen Festnetzanschluss und das reicht Ihnen?
Sie hören noch Audio-Kassetten und haben sich deswegen noch kein neues Auto gekauft, weil der Audiokassettenplayer in neuen Modellen nicht mehr vorhanden ist? Bald auch nicht mehr der CD-Player.

Was noch?
Sie halten Hörbücher für ein vom Arzt zu verschreibendes Medikament? Ihre Kaffeemaschine kann nur Filterkaffee brühen oder hat noch eine mechanische Kurbel? Ihr Handwerkskasten ist voll von übrig gebliebenen Bauteilen Ihrer Ikea-Möbel?
Sie halten einen Laptop für eine Damenoberbekleidung und Ihr Rasenmäher muss noch angeschoben werden, weil er keinen Motor hat …?

Herzlich willkommen! Sie sind absolut richtig hier!
Lesen Sie, was es für Missverständnisse in dieser Welt der Erwachsenen gibt. Lesen Sie, wo Kommunikation versagt. Teilen Sie mit mir kuriose Erfahrungen, krude Lebenseinstellungen oder alternative Fakten. Lernen Sie, wie Frauen und Männer übereinander denken und mit- bzw. gegeneinander umgehen. Und vor allem: Machen Sie es besser! Jede Erfahrung kann nützen – auch oder vor allem, wenn sie als abschreckendes Beispiel gilt. In diesem Sinne wünsche ich Ihnen viel Spaß und den einen oder anderen Erkenntnisgewinn.

Herausforderungen im Alter

Das Alter fordert seinen Tribut, und das bereits in jungen Jahren. Kein Wunder, dass viele schon mit Anfang dreißig ein Nachlassen ihrer Fitness empfinden. Einige Zeit später ist der Zustand des eigenen Körpers für manche nicht mehr zufriedenstellend. Was also tun?
Training und Pflege wären ein Weg. Sie nehmen an Bedeutung zu. Nicht alles davon motiviert den gestressten Menschen, der mitten im Leben steht. Alternativen sind gefragt. Hier bietet sich das „Anti-Aging“ an. Kennen Sie nicht?
Was der Unterschied zu konservativen Trainingsmethoden ist? Ganz einfach: Zunächst einmal der englisch verklausulierte Begriff, der sofort zündet. Merke: Was „cool“ klingt, muss gut sein. Der Dauerlauf wurde auch erst zum Massenphänomen, als er sich „jogging“ nannte. Nicht nur das. Heutzutage ist es nun einmal wichtig, „on air“ oder „fucking good“ zu sein. Das beeindruckt Ihre Gesprächspartner und symbolisiert Präsenz, Überzeugungskraft und Modernität. Worauf es letztlich ankommt, ist nicht, ob Sie ein gutes Programm abspulen, sondern dass es andere gut finden. Donald Trump lässt grüßen.

Das Anti-Aging-Programm an sich ist inhaltlich nicht revolutionär oder neu, aber seine Verpackung macht's. Ob Sie daraus etwas für Ihr eigenes Wohlgefühl entdecken können …, schauen Sie nach!

Ist Ihnen der Kauf neuer Bekleidung auch irgendwie lästig? Manchen Frauen und vielen Männern geht es so. Sollen Sie zu einem solchen Einkaufsbummel, auch „Shopping“ genannt, von Ihrer besseren Hälfte überredet werden, bedarf es besonderer Anstrengungen. Da muss schon einmal eine Belohnung in Aussicht gestellt werden. Schließlich soll die Mühe nicht umsonst sein. Neben unterschiedlichen Auffassungen zu Modetrends und ihrer Bedeutung ist nichts so umstritten wie die Frage, ob das neue Kleidungsstück das richtige ist. Zum Glück hilft dabei geschultes Verkaufspersonal. Gelingt es denen auf Anhieb nicht, modische Lobpreisungen zu verkaufen, so entwickeln sie aus dem Moment heraus gekonnt alternative Trends, um den noch zweifelnden Kunden vollends zu überzeugen.

Neben der Bekleidungsfrage hat das Wohnen weiterhin einen hohen Stellenwert. Ein Haus hält 100 Jahre. Der Mensch kann das auch erreichen. Aber Haus und Mensch passen irgendwann nicht mehr richtig zusammen. Spätestens wenn die ersten Geschosse nicht mehr ohne fremde Hilfe erreichbar sind, sollte ein seniorengerechter Umbau erfolgen. Oder aber die Trennung. Letztlich muss jeder für sich entscheiden, ob er es in seinem Haus bis zum Ende seiner Tage aushalten möchte oder aber die gesellige Umgebung einer Seniorenresidenz vorzieht. Und natürlich kann man sich auch in die pflegerischen Hände seiner Angehörigen begeben, sofern die das ertragen. Sie finden einen kleinen Ratgeber für den Fall der Fälle.

Zu den Herausforderungen im Alter gehört auch die Frage, wie der Mensch mit seinem Nachlass umzugehen gedenkt. Testament – ja oder nein?
Eine Frage, die sich sicherlich jeder irgendwann einmal stellt. Auch vor dem Hintergrund, was das Testament für den Menschen sein soll: Ein letzter Wille, eine Abrechnung mit den Angehörigen, eine Überraschung für Hinterbliebene oder … oder … oder …
Einen allgemeingültigen Ratschlag kann ich an dieser Stelle nicht geben. Wie auch? Zu individuell und vielschichtig sind die Gestaltungsmöglichkeiten und vielleicht auch -notwendigkeiten. Meine Gedanken dazu habe ich kurz dargelegt. Finden Sie Ihren eigenen Weg!

Ja … und wie ist eigentlich Ihr Lebensgefühl in der 2. Lebenshälfte? Meins ist gut, wenn ich mir aktuell eine Bilanz ausstellen müsste. Warum auch nicht! Eine Bilanz soll es zwar nicht sein, was ich hierzu aufgeschrieben habe. Wohl aber eine abgewogene, nach innen gerichtete Sicht auf die Dinge und mich selbst. Als Teil einer Gesellschaft haben wir auch Anteile an den Problemen und Krisen, mit denen wir leben müssen. Ich ignoriere dies nicht und ich blende es auch nicht aus. Lösen kann ich die Krisen hingegen auch nicht. Und ich muss es nicht. Schon deshalb ist es keine Alternative, den Kopf in den Sand zu stecken.

Anti Aging – Der Jungbrunnen im Alter

Zu den drängendsten Problemen im Alter gehört die bedrohliche Erkenntnis, dass einige Körperfunktionen nachlassen. Bereits ab dem 25. Lebensjahr geht es langsam aber stetig bergab. Spätestens mit dem 40. Lebensjahr lässt sich das Alter auch mit intensiven Tricks nicht mehr kaschieren. Aus der einst prachtvollen Muskelmasse ist nach und nach ein Fettgewebe erwachsen. Erkennbar durch einen leichten Bauchansatz. Vielleicht auch bereits stark adipös.
Nichts kann diesen Alterungsprozess zum Stoppen bringen. Eigentlich eine komplett demoralisierende Nachricht. Wirklich …?? Nein, nicht ganz.
Die gute Nachricht ist – selbst im Rentenalter ist es noch nicht zu spät, um an der eigenen Fitness zu arbeiten. Wenn sich auch nicht mehr alle Alterungsprozesse aufhalten oder rückgängig machen lassen, so verlangsamt regelmäßiges Training doch die schleichende Vergreisung im Körper. Dabei bewirkt körperliche Fitness einen Positiveffekt auf Herz und Kreislauf und auf das allgemeine Wohlbefinden. Gleichzeitig wird die Psyche gestärkt, Glückshormone werden ausgeschüttet und … und … und … Wir verlangsamen den Alterungsprozess und fühlen uns gleichzeitig wohler. Der moderne Begriff hierfür lautet Anti-Aging.

Natürlich gehört dazu auch eine ausgewogene Ernährung, die Fleisch weitgehend vermeidet, Pflanzenkost bevorzugt und auf zu viel Alkohol und Industriezucker verzichtet. Genießen Sie lieber junges Gemüse! Besonders zum Essen soll das sehr bekömmlich sein.
Wenn Ihnen das zunächst zu sehr nach starker Reglementierung aussieht und Sie nicht gleich Ihre kompletten Lebensgewohnheiten verändern wollen, so gehen Sie es schrittweise an. Zum Beispiel, indem Sie in einem ersten Schritt die Sache mit dem Alkohol und dem Industriezucker umsetzen. Wie das geht? Ganz einfach: Sie trinken nur noch Alkohol, ohne ihn extra zu zuckern. Das wäre immerhin ein Anfang!

Durch die gesundheitsbewusste Lebensweise ändert sich allerdings auch Ihr Tagesablauf. Die Stärkung von Geist und Körper beginnt passenderweise gleich nach dem Aufstehen. Sofern Ihre körperliche Konstitution es zulässt, empfiehlt sich Jogging. Der Blutdruck soll schließlich auf Touren gebracht werden. Vorschlag für eine altersgerechte Route: Vier Runden à 30 Meter Sprint um die Garage. Hier ist gleichzeitig motorisches Feingefühl gefragt, um nicht beim Abbiegen aus der Kurve getragen zu werden. Anspruchsvoller wäre der Gartenparcours rund um die Beete auf schwerem Erdboden. Auch als Querfeldein direkt durch die Gemüsebeete möglich. Der Vorteil hierin liegt in der gleichzeitigen Auflockerung des Bodens. Ein späteres Umgraben der Beete wird dadurch praktisch unnötig, weil es gleich mit erledigt wird. Gegenüber dem Garagenparcours befriedigt allerdings der anschließende Reinigungsaufwand nicht vollends.
Sollten Sie nicht mehr gut joggen können oder über keinen Garten verfügen, können Sie Ihren Blutdruck stattdessen auch auf andere Weise hoch bringen. Alternativ erklimmen Sie das Garagen- oder Hausdach über das Regenfallrohr. Sie werden sehen, dass Ihnen dabei Geschicklichkeit und vollste Konzentration abverlangt wird und der Blutdruck sofort ansteigt. Ähnliche

günstige Blutdruckwerte erreichen Sie allenfalls noch beim Ausfüllen der Anlage Unterhalt zu Ihrer Einkommensteuererklärung.

Zurück zu den Joggern und Kletterern. Die passende Erfrischung nach dem kräfteraubenden Sport bietet Ihnen ein Bad in der Regentonne Ihres Gartens. Das darin befindliche Laub, Moos und die Insektenreste wirken wie eine natürliche Auffrischung der strapazierten Hautpartien. Sich zu überwinden kostet etwas Mut, lohnt sich aber letztlich. Fehlt Ihnen der Mut, in die Regentonne zu steigen, so wählen Sie lieber gleich die Klettertour am Regenfallrohr. Der kleinste Fehlgriff am Rohr befördert Sie direkt und ungewollt in die darunter stehende Tonne. Einer besonderen Überwindung dazu bedarf es dann nicht mehr.

Nach diesem sportlich attraktiven Einstieg in den Tag haben Sie sich ein gutes Frühstück verdient, bevor dann der Kopf dran ist. Nein, gemeint ist nicht Haarewaschen, sondern Gedächtnistraining. Jeder Muskel, der nicht permanent trainiert wird, verkümmert. So auch das Gehirn. Das können Sie verhindern. Stellen Sie sich spontane Denksportaufgaben. Zum Beispiel: Wann hat Ihre Nachbarin zuletzt freundlich gegrüßt? Was hatte Sie noch gleich für Krankheiten? Falls Ihnen nicht alles einfällt, fragen Sie nach, indem Sie ihr erklären, es diene dem Anti-Aging. Sie wird Verständnis haben.
Abschließend zeigen Sie Ihren Mitmenschen unbedingt auch äußerlich, dass Sie den zweiten oder besser den dritten Frühling ausgerufen haben.
Optische Nachlässigkeiten dürfen Ihnen dabei nicht passieren. Sie korrigieren einfach altersbedingte Ausfälle. Spärlichen Haarwuchs oder lichte Stellen am Kopf überdecken Sie mit passenden Langhaarteilen. Hier hat sich das Modell „Winnetou“ bewährt. Notfalls zu einem Zopf zusammengebunden. Freunde des wild wuchernden Afrolooks konzentrieren sich ganz auf das

Modell „Rainer Langhans“. Sie werden staunen, wie viele Anfragen alternativer Lebensgemeinschaften Ihnen anschließend zugehen, wenn man Ihren Kopfschmuck sieht. Um die entstandene Distanz zu den Jugendlichen zu überbrücken, müssen Sie ihnen auch in Bewegung und Aussprache ein Stück weit entgegenkommen. Zeigen Sie bei jeder Gelegenheit das Victory-Zeichen, indem Sie Ihren Zeige- und Mittelfinger zu einem V-Symbol ausstrecken. Geben Sie ständig Kommentare zu allem und jedem ab und benutzen Sie möglichst oft Begriffe wie „cool“, „fuck“ und „ey“ – Letzteres in Verbindung mit dem Begriff „Alter“. Ihre Sätze beginnen passenderweise ohnehin nur noch mit dem Begriff „Alter“. Sie brauchen sich dadurch nicht mehr die Namen Ihrer Gesprächspartner merken. „Ey Alter“ als Anrede reicht völlig aus.

Als weiteren Baustein eines vollumfänglichen Anti-Aging-Programms lernen Sie die Vorteile der Naturmedizin kennen.
Trinken Sie frisches Quellwasser aus Gebirgsbächen und bereichern Sie Ihren Speisezettel durch die Köstlichkeiten am Wegesrand in der freien Natur: Löwenzahn, Bärlauch, Brennnesseln und Regenwürmer können in Kombination miteinander eine vollständige Mahlzeit ergeben.
Ökologisch verantwortungsvoll starten Sie in den Tag. Übertriebene Körperreinigung ist angesichts der mit ihr einhergehenden Hautschädigung ein Relikt vergangener Tage. Vielmehr soll die Haut ihren natürlichen Schmutzfilm behalten. Seife wird nicht mehr benötigt und ist sowieso überbewertet. Wasser wird ressourcenschonend im sogenannten Dreiwegesystem verwendet. Wasser vom Händewaschen oder Geschirrspülen wird aufgefangen und zur sekundären Körperreinigung benutzt – zur Erinnerung: Die primäre Körperreinigung fand bereits in der Regentonne statt. Zur Drittverwendung wird dasselbe Wasser für die Toilettenspülung verwendet. Fortgeschrittene können dieses Wasser sogar noch einer Viertverwendung für die

Gartenbewässerung zuführen, sofern sie es auffangen können. Entfernen Sie dazu die nicht mehr benötigten Reste der Drittverwendung.

Aufgeschlossenheit in alternativen medizinischen Fragen runden das Anti-Aging-Programm schließlich ab.
Alkohol kann Medizin sein.
Im Winter wird die heilsame Wirkung des Alkohols besonders beim Glühwein deutlich. Mit den Inhalten von Nelken, Zimt und Koriander kommt erst gar kein schlechtes Gewissen auf. Zwar wird der Verzicht auf Alkohol des Öfteren von Ärzten angeraten. Jedoch bleibt dann unklar, wie rheumatische Schmerzen ohne alkoholische Kräuter wirksam bekämpft werden können. Ibuprofen ist keine Dauerlösung. Überzeugen Sie Ihren Hausarzt davon, dass das eine Laster, also der Alkohol, verhindert, dass die anderen Laster stärker zum Tragen kommen. Ob Sie mit dem Anti-Aging-Programm an Lebensqualität gewinnen, ist dabei nicht die Frage. Aber Sie gewinnen Lebenszeit.

Seniorengerechtes Wohnen

Ein Leben lang wohnen wir. Irgendwo. In einem Haus oder in einer Wohnung. Allein oder in einer Wohngemeinschaft. Konservativ oder alternativ.
Aber wohnen wir auch altersgerecht?
Mit dem Begriff „altersgerechtes Wohnen“ verbindet sich eine Wohnform, in der ältere Menschen ein barrierefreies und komfortables Leben genießen können. Voraussetzung dafür ist eine Wohnungseinrichtung, die den Bewohnern möglichst lange ein selbstständiges und selbstbestimmtes Wohnen gewährleistet.

Zu Hause alt werden – wer möchte das nicht?!

Sofern die Wohnräume dafür nicht ausgerichtet sind, ist ein altersgerechter Umbau der Wohnung oder des Einfamilienhauses unentbehrlich. Gut – es gibt auch Alternativen, wenn Sie das nicht wollen oder es nicht mehr möglich ist. Zum Beispiel Seniorenheime. Sie gewährleisten als Wohnform gleichzeitig die notwendige Pflege oder Betreuung. Dagegen bleibt in betreuten Wohnformen die Selbstständigkeit weitgehend erhalten. Für Bedarfsfälle gibt es Ansprechpartner. Aber vielleicht mögen Sie die Heimformen altersgerechten Wohnens nicht so sehr. In diesem Fall bieten sich Senioren-Wohngemeinschaften an.
Hier leben ältere Menschen gemeinsam mit anderen Senioren zusammen. Sie können sich im Alltag gegenseitig unterstützen und pflegen soziale Kontakte innerhalb dieser Wohnform.

Vielleicht aber sagen Sie sich, mit mir ist es nur schwer auszuhalten. Ich pflege meine Macken im hohen Alter und bin nicht bereit, darauf zu verzichten. Insofern ist es nicht leicht, mit mir zusammen zu leben. Also bleibe ich für mich. Kein Einzelfall! Wenn ich jedoch einmal Hilfe benötige, dann muss halt einer aus der Familie herhalten. Aber deshalb mit ihnen unter einem Dach leben, etwa in einem Mehrgenerationenhaus … nein, das scheidet auch aus. Meine Entscheidung ist stattdessen: Ich bleibe maximal frei und schließe keine Kompromisse, wenn ich wohne. Ich kann mit meinen Macken gut leben, aber andere können das nicht. Auch möchte ich nicht die Macken anderer täglich aushalten müssen.

In diesem Fall hilft nur eines: Ich muss mein Haus altersgerecht umbauen, um hier bleiben zu können, und zwar noch bevor ich dazu nicht mehr in der Lage bin. Abschreckende Beispiele aus dem Freundeskreis, wonach ein guter Bekannter seit nunmehr anderthalb Jahren das Obergeschoss seines Hauses nicht mehr betreten hat, weil die Treppe nach oben ein unüberwindbares Hindernis darstellt, dienen als wichtiger Hinweis.

So weit darf es gar nicht erst kommen. Es besteht also Handlungsbedarf.

Das zentrale Stichwort ist „Barrierefreiheit“. Zugang ohne Hindernisse zu allen Räumlichkeiten. Stufen und Schwellen müssen verschwinden. Den möglichen Rollator im Hinterkopf. Eine Herkulesaufgabe. Die To-do-Liste füllt sich schnell: Von der Rampe im Eingangsbereich über den Abbau aller Türschwellen, begehbare Dusche, elektrische Rollläden, Bewegungsmelder, Treppenlifte, Türverbreiterungen, ausreichende Beleuchtung, Küchenarbeitsbereich und Schränke abgesenkt, Haltegriffe und Handläufe anbauen … puhh … mehr als einem lieb ist und mehr, als man auf die Schnelle regeln kann.
Klar … kann ich mir alles ersparen, wenn ich die Heimlösung bevorzuge. Aber die gibt es auch nicht für umsonst. Und der Mensch wächst doch mit seinen Aufgaben. Also nehmen wir die Herausforderung an. Es muss ja nicht alles auf einmal sein.
Außerdem lässt sich einiges einsparen, da bei genauer Betrachtung nicht alle Umbauten wirklich erforderlich sind und hier und da auch eine Verkleinerung das Ziel ist. Also altersgerechtes und alternatives Wohnen in Kombination. Das ist die Lösung!

Hier der Tipp für Einfamilienhäuser. Schauen Sie selbst:
Die erste Einsparung ergibt sich durch den Verzicht auf das Obergeschoss. Seien wir ehrlich: Treppensteigen wird im Alter nicht leichter. Den Bungalow haben wir damals nicht gebaut. Leider. Nun also anders. Um das Treppensteigen zu vermeiden, wird das Obergeschoss aufgegeben. Gegebenenfalls steht es für Gäste zur Verfügung. Jedoch wird aus Kostengründen auch die Reinigung nur durch eine einmal im Monat engagierte Reinigungskraft etwas sparsamer erledigt. Es wohnt doch auch keiner mehr dort.
Das frühere Schlafzimmer im Obergeschoss wird als Gästezimmer nutzbar. Das eigene Schlafzimmer wird im Gegenzug mit

der Garage zusammengelegt. Ein Auto steht da nicht mehr drin. Außerdem ist dort eine gute Durchlüftung und eine angenehm kühle Raumtemperatur gewährleistet. Ein weiterer Vorteil besteht in der naturnahen Befriedigung von Bedürfnissen des Nachts. Hier müssen Sie nicht weit laufen!
Wichtig ist lediglich, dass das Bett problemlos von drei Seiten erreicht werden kann. Also idealerweise von oben, hinten und von unten. Prüfen Sie bitte unbedingt auch, ob Sie ohne professionelle Hilfe aus Ihrem Bett aufstehen können – auch wenn das nicht jeden Tag notwendig ist.

Wenn auf Treppensteigen generell verzichtet werden soll, hat auch das Sockelgeschoss/der Keller keine Funktion mehr. Er wird das, was er in den letzten Jahren ohnehin bereits war: die Müllhalde im Haus. Eine Rutsche nach unten befördert die Müllsäcke mit Haushaltsabfällen in einen vorbereiteten Sammelbehälter, der alle zwei Wochen geleert wird.
Ca. alle zwei Jahre ist zusätzlich eine Dekontamination der Kellerräume erforderlich. Sofern die Geruchsbelästigung unerträglich werden sollte, auch schon etwas eher.

Und ein weiterer Vorteil wird erkennbar:
Durch die Konzentration auf ein ebenerdiges Geschoss lässt es sich auf den vielfach empfohlenen Fahrstuhl verzichten und damit eine weitere Kosteneinsparung erreichen.
Die eingesparten Umbaukosten können nunmehr für persönliche Dienstleistungen aller Art verwendet werden.
Um den Garten kümmert sich ein Gärtner, der jeweils zum Wechsel der Jahreszeiten einmal vorbeischaut und das Allernotwendigste erledigt. Eine Reinigungskraft sollte etwas öfter ihren Dienst verrichten, wenigstens zwei Mal im Monat. Im Idealfall ist sie auch eine patente Köchin und kocht für die nächsten zwei Wochen vor.
Damit wäre fürs Erste an alles gedacht.

Die notwendige Vorsorge umfasst jedoch noch weitere Maßnahmen. Wenn das Haus nicht mehr verlassen werden kann, muss die medizinische Versorgung in der Wohnung sichergestellt sein. Neben der Beschaffung einiger intensivmedizinischer Geräte für den Hausgebrauch ist im Garten eine Umgestaltung notwendig. Rasenflächen und Blumenbeete sind erdbodengleich zu machen und mit Beton zu verdichten, damit dort für etwaige Notfälle ein Hubschrauber-Landeplatz entstehen kann.

Ob letztlich an alles gedacht wurde, kann anhand vorhandener Checklisten überprüft werden. Vieles davon ist jedoch bereits aus der Zeit gefallen. Nahe gelegene Läden des täglichen Bedarfs wie etwa Supermärkte können im digitalen Zeitalter durch eine Bestellung bei Amazon ersetzt werden, sodass das Haus nicht verlassen werden muss. Einige Discounter bieten bereits heute einen Abholservice für Einkäufe an. Sie müssen halt nur jemanden finden, der Ihnen Ihre Bestellung abholt.
Öffentliche Verkehrsmittel werden dadurch auch entbehrlich.
Dank solcher Plattformen wie Instagram und Facebook lassen sich soziale Kontakte auch auf eine spannende Weise von zu Hause aus pflegen.

Abschließend erstreckt sich die Vorsorge auch auf die Regelung des vorhandenen Eigentums und Vermögens. Auch im Alter sollte auf die wichtigsten Versicherungen keinesfalls verzichtet werden. Die bisherige Kfz-Versicherung wird durch eine Rollator-Haftpflichtpolice einschließlich Teilkasko ohne Selbstbeteiligung ersetzt.
Erledigen Sie vielleicht doch noch Ihre Einkäufe im Supermarkt vor Ort? Hier hilft eine Gepäckversicherung gegen Vergesslichkeit und ersetzt alles, was Sie auf dem Weg dahin irgendwo liegen lassen. Speziell für Senioren gibt es darüber hinaus eine angepasste Unfallversicherung. Dort haben Sie gegen Zahlung einer leicht erhöhten Prämie drei Unfälle im Jahr frei.

Schließlich muss auch der nachhaltige Vermögensaufbau im Alter nicht aufgegeben werden. Eine Lebensversicherung „80 plus“ sieht bereits bei Erreichen des 120. Lebensjahres die Auszahlung des kapitalgedeckten Teils von 75 % der Versicherungssumme vor. Ein „Rundum-Sorglos-Paket.“

Haben Sie all diese Dinge für sich geregelt, so steht einem entspannten Lebensabend im eigenen Haus nichts entgegen.
Denn Sie haben weiterhin alles in der Hand.

Bekleidung für Senioren - oder - Shopping im fortgeschrittenen Alter

Als Kinder haben wir das gelernt. Wenn die Mama der Meinung war, es müsse neue Bekleidung her, ging es in die Innenstadt zu den großen Warenhäusern. Alte Klamotten wurden aussortiert oder jüngeren Geschwistern zugewiesen, damit der Kleiderschrank Platz für neue Kleider bekam. Und es wurde eingekauft, was nötig war. Oftmals auch darüber hinaus. Schließlich waren die Grabbeltische mit den Sonderangeboten einfach zu verlockend.
Im Alter lässt das spürbar nach. Zunächst ist man bereits längere Zeit selbstverantwortlich für die Beschaffung neuer Kleider, es sei denn, die Partnerin oder der Partner zwingt zu regelmäßigem Austausch. Ansonsten sorgt eine gewisse Genügsamkeit für nachlassenden Konsum. Hosen müssen schließlich vollständig abgetragen sein, bevor sich ein Neukauf lohnt. Schließlich ist ein Grundbestand an Kleidungsstücken vorhanden. Da man nicht mehr wächst, hält der sich theoretisch bis ans Lebensende, sofern man seine Figur nicht verändert.

Ein gravierender Unterschied zwischen Männern und Frauen besteht allerdings. Modische Trends lösen bei Männern in späteren

Jahren nur selten einen Kaufanreiz aus. Entscheidend ist vielmehr Bequemlichkeit und dass man sich in seinen Kleidern wohlfühlt. Kommt eine altersgewöhnliche Knausrigkeit hinzu, also die Angewohnheit, nur Sonderangebote zu kaufen, wird es umso schwerer, Männer von einem Shoppingbummel in Bekleidungsgeschäften zu überzeugen. Immer wieder hört Frau auch den Hinweis, man habe doch drei Hosen. Und die seien alle noch gut.

Und wird ein festlicher Anzug benötigt, so geht der Gedanke eher in Richtung Leihgeschäft unter Freunden. Notfalls wird der noch vorhandene Konfirmationsanzug vom Speicher geholt, entstaubt und für den einmaligen Zweck neu angelegt. Lässt sich das Jackett wegen des neuen Bauchumfangs nicht mehr zuknöpfen, wird es halt offen getragen. Die inzwischen zu kurz geratenen Ärmel sind dagegen kein Problem, zeigen sie doch überdeutlich die Rolex am linken Unterarm. Darauf wird Wert gelegt. So ist das vorzeigbar.

Mit dieser Grundeinstellung ist es natürlich schwer, einen Mann im gesetzten Alter zum Kleider-Shopping zu bewegen. Er hält es schlicht für nicht nötig. Manche Frauen spüren dagegen oft den Drang, sich mit neuen Gewändern einzuhüllen. Für sie ist es gewissermaßen eine Häutung, die sich automatisch nach einer bestimmten Zeit wiederholt.

Wie aber ist der Mann davon zu überzeugen, Gleiches zu tun?

Hier sind natürlich einige listige Tricks gefragt. Versprechen Sie ihm einen Restaurantbesuch und einen Abstecher in den Baumarkt, aber legen Sie die Route so, dass sie an den gewünschten Kleidershops zwangsläufig vorbeiführt.

Und dann tun Sie einfach so, als sei das rein zufällig. Da man schon mal da sei, könnte man schließlich auch mal kurz hineinschauen. Freunde von mir, die Bruni und der Egon, haben dies erfolgreich praktiziert.

Letzte Woche waren sie spontan losgegangen. Mit genau dieser Zielsetzung. In der Fußgängerzone der City führte der Weg zunächst an einem Jeansshop vorbei. Egon vertrat sofort die Ansicht, in seinem Alter und bei seiner Figur könne man keine Jeans mehr tragen, ließ sich aber doch zu einem kurzen Abstecher überreden. Natürlich kannte er seine Kleidergröße nicht. Eine freundliche Verkäuferin war aber sofort zur Stelle. Auf die Frage nach seiner Hosengröße bat Egon um eine großzügige Schätzung. Mit einem eher skeptischen Blick brachte die Verkäuferin anschließend drei Hosen vom Kleiderständer, in die der Egon allerdings auch mit tatkräftiger Hilfe von Bruni partout nicht hinein kam. Egon kann sich nicht mehr gut bücken und seine Arme reichen auch nicht mehr bis zu seinen Füßen. Beim Versuch, eine der Hosen im Sitzen anzuziehen, verlor er das Gleichgewicht und fiel fast vom Hocker in der Umkleidekabine. Es funktionierte erst, als er auf den Hocker stieg und die Verkäuferin gemeinsam mit Bruni jede an einer Seite die Hose festhielten, während Egon mit einem beherzten Sprung vom Hocker direkt in der Hose landete.
Die groß zugeschnittene Form der Hose ermöglichte einen bequemen Sitz, aber keinen Halt. Erst das Anbringen einer Bauch- und Schrittverriegelung sorgte für Halt nach unten, während die eigens von einer anderen Hose entnommenen Hosenträger entsprechend Zug nach oben ermöglichten.
Das Gesamtbild bekam durch den straffen Sitz der Hosenträger nun etwas die Form einer Hochwasserhose, die aber nach Aussage der Verkäuferin modisch wieder stark im Kommen sei. Außerdem sei die Hose preislich ein saisonales Sonderangebot bei gleichzeitig begrenzter Stückzahl. Egon ertrug die Prozedur mit leicht missmutigem Gesichtsausdruck und wollte gerade einige Bedenken vortragen, zum Beispiel, dass die Hose im Schritt zu sehr kneift, aber Bruni hatte bereits entschieden. Die Hose wird gekauft. Sie ging mit dem Hosenetikett zur Kasse und bezahlte. Währenddessen versuchte Egon, die Hose wieder auszuziehen.

Das klappte jedoch nicht. Der kleine Bügel im Gurt der Hose hatte sich im Stoff verhakt. Von Hand ließ sich das nicht lösen. Egon griff kurzerhand nach seiner alten Hose und packte sie in eine Tüte. Er behielt die neue Hose einfach an.
So blieb die Frage ungeklärt, wie denn das gute Stück zu Hause ohne eine zweite Hilfsperson an- oder ausgezogen werden kann … Aber egal, dachte er. Hauptsache, wir sind in diesem Laden fertig. Schließlich wollte er doch in den Baumarkt.

Aber Bruni war gedanklich noch in Kauflaune. „Schau mal, ein passendes Hemd zur Hose brauchst Du doch auch …", säuselte sie gönnerhaft. Gleich nebenan sei der Shop dafür. Der Egon bräuchte doch nur mal ein Hemd überstreifen.
Egon verzog das Gesicht, schloss sich ihr aber an.
So einfach wie gedacht war es dann erwartungsgemäß nicht. Schließlich war auch hier die Hemdengröße nicht bekannt. Die Verkäuferin brachte daher gleich vier verschiedene Zuschnitte aus einer neuen Kollektion, wie sie betonte. Selbstverständlich modisch hochaktuell und gleichzeitig ein zeitlich begrenztes Sonderangebot. Nur für besondere Kunden. Der bereits etwas ungeduldig wirkende Egon griff zum ersten Hemd und stieß mit Schwung den rechten Arm in den Hemdsärmel. Dabei war er aber etwas zu ungeschickt und unvorsichtig vorgegangen. Jedenfalls riss der Stoff am Handgelenk ein kleines Stück ein und zwei Knöpfe purzelten zu Boden. Da die Verkäuferin in diesem Augenblick abgelenkt war, bemerkte sie den Schaden nicht. Egon sah sich kurz um und zog das Hemd schnell wieder aus. Dabei tat er so, als sei nichts geschehen, versteckte den eingerissenen Ärmel und erklärte, die Farbe gefiele ihm nicht.
Bruni rollte kurz die Augen und ging ein paar Schritte zur Seite, als ob sie sagen wollte, sie gehöre nicht dazu.
Egon wandte sich anschließend dem zweiten Hemd zu. Die Verkäuferin war inzwischen zurückgekehrt und sah, wie sich Egon in das vermutlich auch zu enge Hemd hineinzwängen wollte.

„Sie müssen beim Anziehen die Luft anhalten“, empfahl sie. Egon tat, wie ihm geraten wurde. Nachdem er das Hemd vollständig am Körper und auch zugeknöpft hatte, erkundigte er sich mit hochrotem Kopf, ob er denn wieder ausatmen könne. „Natürlich …!“, erwiderte die Verkäuferin. Das Hemd am Körper von Egon spannte sich daraufhin wie ein Darm, in den aus einem Fleischwolf eine Wurstmasse eingefüllt wird. Mit bangem Gesichtsausdruck verfolgte Bruni die Prozedur. Aber das Hemd hielt den Belastungstest aus.

„Das nehmen wir!“, entschied Bruni, während sie einen Einkaufszettel aus der Handtasche zog und eine Eintragung darauf durchstrich.

„Sie haben doch auch Schuhe …?“, erkundigte sie sich bei der Verkäuferin. „Ja, im Obergeschoss“, erwiderte diese.

Egon schaute irritiert zu Bruni. „Was für Schuhe … wieso …? Ich denke, wir gehen jetzt in den Baumarkt …?“

„Ja, das machen wir auch“, beruhigte ihn Bruni. „Aber im Baumarkt finden wir doch keine passenden Schuhe für Dich. Lass uns nur einmal kurz schauen. Es ist doch hier im Haus.“

Egon schüttelte den Kopf, erkannte aber auch, dass Gegenwehr scheinbar zwecklos war. Also gingen sie in das Obergeschoss. Dort nahm Egon teilnahmslos auf einem Hocker für die Schuhanprobe Platz. Er hatte erkennbar keine Lust auf einen Schuhkauf. Aber Bruni platzierte bereits mehrere Kartons neben dem Hocker. Widerwillig zog Egon erst den einen, dann den anderen Schuh an. Schließlich noch einen dritten, einen vierten und so weiter. Eine Weile setzte sich das so fort. Bruni brachte immer wieder neue Kartons. Jedoch wollte nichts so richtig passen oder gefallen. Um den Überblick zu behalten und auch wegen der beengten Platzverhältnisse, räumte Bruni zwischendurch einige der Schuhe nach der Anprobe wieder ins Regal zurück und versorgte Egon mit Nachschub. Der aber hatte inzwischen erkennbar genug. Kopfschüttelnd erklärte er die Anprobe für beendet und wandte sich wieder seinen eigenen Schuhen zu. Doch was

war das? Egon bemerkte das Fehlen einer seiner beiden Einlagen, die er bei der Anprobe ständig zwischen den Schuhen hin und her gewechselt hatte. Eine sofort durchgeführte Suche blieb allerdings ergebnislos. Dies auch deshalb, weil Bruni bereits etliche der Schuhe wieder in die Regale zurückgestellt hatte. Aber welche waren es noch gleich …? Kurzum – Es ließ sich nicht mehr feststellen, in welchem Schuh die fehlende Einlage abgelegt wurde. Es waren einfach zu viele unterschiedliche Schuhe am Start gewesen.
Unverrichteter Dinge verließen sie das Geschäft. Die bittere Erkenntnis: Der nächste Kunde mit ähnlich gelagerter Fußfehlstellung wird sich freuen, wenn einer seiner neuen Schuhe bereits die passende Einlage enthält.

Während Egon sichtlich verärgert war, machte sich bei Bruni eine leichte Enttäuschung breit, nachdem der Schuhkauf leider geplatzt war. Um ihren Missmut zu kompensieren, steuerte sich zielgerichtet kurzerhand den nächsten Shop an. Zwischenzeitlich hatte Egon seine Erwartungen an einen Baumarktbesuch bereits resigniert begraben. Zudem machte sich Hunger bemerkbar. Eine Planänderung war damit nicht zu umgehen.
Um den Prozess nicht weiter zu verzögern, vermied er jegliche Diskussionen um die Notwendigkeit weiterer Einkäufe.
Stilsicher hatte Bruni bereits die nächste Kategorie ausgerufen: Unterwäsche. Geschmackssicher wie sie war, brachte sie einen „Hauch von Nichts“ aus der aktuellen Mode für den Mann. Ein Slip, der besonders dadurch beeindruckte, was an ihm alles weggelassen wurde. Egon schüttelte heftig den Kopf. Er intervenierte. Als Mann in den besten Jahren bevorzugte er nun einmal Bewegungsspielraum im unteren Körperbereich. Das sei nicht verhandelbar, erklärte er energisch.
„Welche Größe soll das jetzt für Dich sein?“, erkundigte sich Bruni. Schulterzucken bei Egon. Bruni wandte sich daraufhin an einen Herren mit ähnlicher Statur, der ebenfalls in dem

Wäscheberg wühlte, und erkundigte sich nach seiner Größe und ob man tatsächlich heutzutage etwas knapper im Schritt trägt. Der Mann riss die Augen auf, errötete stark, ließ die Ware fallen und ging eiligen Schritts aus dem Laden.
„Nimm die größten, die Du finden kannst", rief ihr Egon zu. Um seine Wünsche durchzusetzen, handelte er mit Bruni aus, dass sie dafür beim nächsten Sockenkauf die Auswahl treffen könne – ohne allerdings zu wissen, dass auch dies noch heute geschehen sollte.
„Was suchst Du eigentlich im Baumarkt?", erkundigte sich Bruni eher teilnahmslos. „Du bist doch jede Woche dort."
„Ja …" erwiderte Egon. „… Sie haben jetzt gerade einen Feuerkorb mit einer praktischen Bierdosenhalterung im Angebot."
„Du hast doch zwei Feuerkörbe!"
„Ja …, aber ohne Bierdosenhalterung. Das ist eine absolute Neuheit. Sehr funktional und einfach in der Handhabung." Ein Artikel, der seiner Meinung nach in keinem gepflegten Kleingarten fehlen sollte. Er habe dafür auch bereits eine 10 Quadratmeter große Fläche des Zierblumenbeets gerodet.
„Du hast was …??!" Bruni sah ihn fassungslos an.
„Darüber reden wir noch!"
Egon setzte eine Unschuldsmiene auf.
„Was willst Du eigentlich? Für die Zierde haben wir doch das ausrangierte Motorrad. Das stelle ich unter die Sonnenblume!" Dies sei sehr dekorativ im Garten, ergänzte er. Außerdem müsse es sowieso raus aus dem Keller, da es immer noch ständig etwas Öl verliere.

Noch bevor die Diskussion aus dem Ruder zu laufen drohte, packte Bruni eilig ein paar Slips zusammen, bezahlte und steuerte den nächsten Shop an. Egon ging ihr nach. Das Thema war bereits vorbestimmt: Socken sollten es sein.
Der nicht ganz geplante Verlauf des Tages drückte jedoch auf die Stimmung. Beide waren etwas unzufrieden. Keine gute

Voraussetzung für ein entspanntes Essen. Schon gar nicht für Egon. Der Baumarktbesuch war in weite Ferne gerückt. Stattdessen setzte sich der Bekleidungskauf fort. Der aber hatte noch nicht den gewünschten Erfolg eingebracht. Damit sich das Shopping lohnt, musste noch etwas in die Einkaufstasche.
Die Geduld beider war allerdings aus ihrer unterschiedlichen Erwartungshaltung heraus bereits leicht überbeansprucht. Jetzt wenigstens noch die Socken zu bekommen, könnte die Gemüter halbwegs befrieden. Was Bruni und Egon allerdings vorfanden, war ein Grabbeltisch mit einigen „Restposten". Typisch Sommerschlussverkauf. Die Ware schien knapp und überaus begehrt zu sein. Anders ließ sich das Gedränge am Tisch nicht erklären. Durch das hektische Wühlen und Umgraben von allen Seiten war kein wirklicher Überblick zu bekommen. Sogar einzelne Socken lagen bereits losgelöst vom Dreierpack mitten im durcheinandergewühlten Haufen. Jegliche Ordnung war dahin.
Zu allem Überfluss machte ein älterer Herr Anstalten, direkt am Tisch ein paar Socken anzuprobieren. Das konnte doch nun wirklich nicht wahr sein! Inmitten dem Gedränge zog er einen Schuh aus. Zumindest versuchte er es. Weil der Schuh klemmte, zog er kräftiger und bekam schließlich den Schuh zusammen mit dem Socken vom Fuß. Dabei rempelte er mehrere der anderen Kunden an. Diese wandten sich kopfschüttelnd ab. Mit prüfendem Blick musterte er ein Sockenpaar aus der Auslage und hielt es an seinen Fuß.
Hastig griff Bruni, die das gesehen hatte, nun nach einem Paar der Socken vom Tisch, prüfte kurz den roten Aufkleber mit dem Hinweis „Sonderangebot" und machte sich auf in Richtung Kasse. Die Größe wird schon stimmen, murmelte sie vor sich hin.
Egon kommentierte das kurz mit der spöttischen Bemerkung: „Na hoffentlich sind sie noch nicht getragen."
„Ich wasche sie sowieso als Erstes", antwortete Bruni leicht gereizt. Sie hatten den Shop noch nicht verlassen, da hörten sie aus

dem Hintergrund eine Kinderstimme: „Guck mal Mama, da liegen Strümpfe mit Löchern …!“

Eilig verließen die beiden das Geschäft. Bruni zog noch einmal die Socken aus ihrer Einkaufstasche und musterte sie wortlos von allen Seiten. Schließlich war der Kauf etwas übereilt. Aber sie konnte keinen Fehler finden und war zufrieden damit.
„Wir können jetzt etwas essen gehen“, befand sie.
Egon verzog kurz das Gesicht und sagte: „Jetzt habe ich keinen Hunger mehr.“
„Wieso?“, erkundigte sich Bruni.
„Lass uns einen Deal machen …“, schlug Egon vor. Das nächste Mal, wenn Du mit mir shoppen gehen möchtest, verführe ich Dich in vier oder fünf Baumärkte und anschließend haben wir mehrere Feuerkörbe sowie Rollrasen und 30 Meter Konstruktionsholz gekauft.“
Bruni sah ihn entgeistert an. Aber ihr fehlten die Worte. Das kam nicht oft vor.
Zu Hause angekommen befreite sich Egon mit Mühe von seiner neuen Hose. Die neuen Bekleidungsstücke schob er in die hinterste Ecke des Kleiderschranks, wohl wissend, dass Bruni angesichts ihrer Größe von 1,60 Meter dort nicht herankommen kann.

Das Testament als Instrument

Viele von uns fragen sich im Laufe ihres Lebens, ob sie ein Testament errichten sollen. Vielleicht haben es Ihnen Ihre Eltern bereits vorgemacht. Dann ist es fast zwangsläufig so, dass Sie es auch tun.
In meinem Falle war dies nicht so.
So lange wie in unserer Familie keine Immobilien und/oder größeren Vermögenswerte vorhanden waren, sahen meine Eltern

darin offenbar keine Notwendigkeit. So blieb es auch. Es verlief letztlich auch ohne Testament alles geregelt und mein Bruder und ich waren uns in der Abwicklung einig gewesen. Beim Tod unseres Vaters stellten wir keine Erbansprüche. Beim späteren Tod unserer Mutter teilten wir gerecht.

Inzwischen hat sich ein gesellschaftlicher Wandel vollzogen. Aus der Kriegsgeneration und den nachfolgenden Babyboomern ist mittlerweile eine aufgeklärte Erbengeneration geworden. Der wachsende Wohlstand der letzten 70 Jahre in Deutschland hat enorme Erbmassen entstehen lassen und daraus resultierend Probleme und Konflikte geschürt.
Mehr denn je gilt: Wo viel zu verteilen ist, gibt es Gestaltungsmöglichkeiten und auch deren Notwendigkeiten. Mit dem gewachsenen Wohlstand erhöhten sich auch Ansprüche, Erwartungen und mitunter Forderungen. Tatsächlich sind Erbauseinandersetzungen oftmals ein Stück weit vorprogrammiert und ein wachsendes Feld spezialisierter Anwälte. Höchste Zeit, für sich und seine Lieben Gedanken anzustellen und Regelungen zu treffen.
Worauf kommt es dabei an?
Dass ich meine Ruhe habe? Dass sich die Familienmitglieder nicht streiten? Dass es eindeutige Regelungen gibt? Oder dass das Erbe gerecht verteilt wird …? Eigentlich von allem etwas. Die Punkte schließen sich auch grundsätzlich nicht gegenseitig aus … manchmal aber schon. Immer wieder hört oder liest man von Streitigkeiten aus unterschiedlichsten Anlässen. Und natürlich bleibt den Angehörigen nicht verborgen, wenn es etwas zu vererben gibt. So entstehen Erwartungen.

Es hat eine Weile gedauert, bis ich mich damit überhaupt beschäftigt hatte. Mit 40 oder 50 Jahren fühlte ich mich für diese Fragen noch zu jung, was eigentlich völliger Quatsch ist.
Der Erbfall kann täglich eintreten. Vielleicht aber dachte ich,

nach mir die Sintflut. Warum soll ich mich kümmern, was sie später mit meinen Hinterlassenschaften anstellen?!
Aber nun, mit dem reifen Alter und der inzwischen angewachsenen Erblast denke ich darüber anders. Mit Kindern und Enkeln in der Warteschleife ist die Schar der Köpfe größer geworden und eine differenzierte Betrachtung nötig. Vererben bedeutet schließlich auch gestalten. Ich kann die gesetzliche Erbfolge durch eine eigene abändern. In vielen Fällen macht das Sinn. Aus steuerlichen Gründen allemal. Es hat auch nichts mit „später Rache“ zu tun, was der eine oder andere denken könnte.

Das Erste was mir im Freundeskreis geraten wurde, war, ein Berliner Testament zu verfassen. Unwissend wie ich seinerzeit war, nahm ich anfangs an, ich müsse dafür nach Berlin. Der Irrtum klärte sich zum Glück noch vor der geplanten Reise auf.
Richtig … vielmehr geht es dabei darum, den Kreis der Kinder und deren Nachkommen vorerst vom Erbe auszuschließen, wenn – was normal ist – zunächst nur einer der Ehegatten stirbt. Man macht das überwiegend so. Die Kinder sind schließlich später sowieso noch dran.

Was aber … wenn ich bestimmte Menschen oder Institutionen in meinem Erbe bedenken möchte, die außerhalb der Familie stehen?
Was früher höchstens der exzentrische Millionär tat, ist heute gang und gäbe. Es geht um Leute, die sich wünschen, dass der HSV im Fußball nicht weiter vor die Hunde geht, dass der Lieblingsitaliener um die Ecke keine Existenzängste haben muss oder die Forschung nach dem Ungeheuer von Loch Ness endlich wieder aufgegriffen wird. Dafür sind sie bereit, Vermögenswerte zu opfern und ihr Erbe zu geben. Gleichzeitig richtet sich diese besondere letztwillige Verfügung gegen die geldgeile und bis ins Mark zerstrittene Verwandtschaft. Sie sollen nichts bekommen. Diese Erbgestaltung ist ein Ausdruck tiefer Enttäuschung über

möglicherweise jahrzehntelangen Familienzwist. Glücklicherweise geht es mir persönlich nicht so. Ich möchte das Erben nicht verhindern, wohl aber beeinflussen.
Familienstreitigkeiten müssen deswegen nicht das einzige Motiv für Erbentscheidungen sein. Weitere Enttäuschungen im Leben können gleichermaßen Verbitterung erzeugen, die sich hier ein Ventil sucht. Ob es die Transfers beim HSV sind, die Skatbrüder, die mich verlassen haben, die täglichen Nachrichten und über die Weltpolitik oder der Zustand der SPD, die auch nicht mehr ist, was sie mal war …

Es gibt eine Menge Gründe, Haltung zu beziehen. So wird das Testament bei manchen zum letzten finalen Feldzug gegen persönlich empfundenes Unrecht. Hier wird abgerechnet, was schon lange hätte geschehen sollen, aber zu Lebzeiten nicht gelang. Die Einseitigkeit dieser letztwilligen Verfügung ermöglicht es dem Erblasser, alles noch einmal auf den Tisch zu bringen, ohne sich Widerspruch anhören zu müssen. Lustvolle Vorstellungen über verdutzte Gesichter bei der Testamentseröffnung inklusive. Allein der Gedanke, wie sie wohl auf die eine oder andere Überraschung reagieren werden, lohnt die Errichtung eines Testaments.
Später können sie es zwar anfechten. Aber das erlebe ich nicht mehr. Sie können mich verfluchen, mir den Tod wünschen, aber es ist sinnlos. Ich bin dann bereits tot. Ihr Wunsch geht ins Leere. Er trifft mich nicht mehr. Ich bin immun. Vielleicht kann ich es wahrnehmen, wie sie reagieren. Vielleicht aber auch nicht. Genau genommen ist es mir egal. Ich habe zu Lebzeiten die Weichen gestellt. Das ist es, was ich wollte.
Ich hatte auf diese Weise endlich einmal das letzte Wort. Das war mir wichtig. Viele meiner früheren Aussagen wollte niemand hören. Jetzt müssen sie es.
Insofern ist das Testament eine brauchbare Erfindung.
Allerdings gibt es da noch ein kleines Problem: Ein bekanntes

Sprichwort lautet: „Man sieht sich zwei Mal im Leben.“ Ich frage mich, ob das auch für den Tod gilt. Falls ja, kann ich nur hoffen, dem Tod durch baldige Wiedergeburt zu entfliehen …

Lebensgefühl im Alter

Es ist viel die Rede davon, wie schwierig das Leben im Alter werden kann: Krankheiten, Einschränkungen, mangelnde Beweglichkeit, nachlassende Kräfte, fehlende Sozialkontakte, eine steigende Lernkurve und immer wieder die leicht resignierend wirkende Standardausrede, wonach man doch alles noch hätte machen können, wenn man nur 20 Jahre jünger sein würde.

Aber ist das die absolute Wahrheit?
Ist es nicht vielmehr eine etwas einseitige, pessimistische Betrachtung? Nehmen wir hier nicht etwa Gerüchte, Parolen und Halbwahrheiten kritiklos und ohne sie auf ihre Richtigkeit zu überprüfen, für uns pauschal in Anspruch?
Und vor allem wo bleibt die Ausgewogenheit der Betrachtung, wo die sachlich notwendige Darstellung der positiven Dinge des Alterns? Die Medaille hat doch immer zwei Seiten. Eine lediglich einseitige Abfassung soll manipulieren bzw. in eine bestimmte Richtung beeinflussen. Da steht dann nur die halbe Wahrheit.
Damit das nicht so ist, lassen wir die oben aufgeführten Nachteile so stehen. Dort mag sich jeder aussuchen, ob es ihn wirklich in Gänze so betrifft. Ich behaupte nein. Und selbst wenn es so sein sollte. Es gibt ja doch die andere Seite. Also – wenden wir uns der Gegenseite zu und schauen auf die angenehmen Seiten des Alters.

Zunächst macht es keinen Sinn, Dinge ändern zu wollen, die nicht zu ändern sind. Die Haare werden dünner, bekommen

einen Grauton oder fallen aus. Das können wir nicht ändern.
Und ja, gegen das Nachlassen der körperlichen Kräfte müssen wir anarbeiten. Das ist mühevoll, aber lohnenswert. Denn das können wir ändern.
Die Weichenstellung sollte daher immer von der Betrachtung ausgehen, inwieweit ich altersbedingte Nachteile aufhalten oder ändern kann.

Verabschieden kann ich mich von übertriebenem Ehrgeiz, der mich seit der Jugendzeit begleitet hat. Ich habe etwas erreicht und kann darauf stolz sein. Ich muss nicht mehr jedem und allen alles beweisen, kann mich auch mal zurücknehmen. Der Körper dankt es mir, indem der Blutdruck sinkt und sich auch die Psyche von der permanenten Anspannung befreit. Kein „Höher, Besser, Schneller" mehr – stattdessen alles dosiert.
Selbstkritik – früher ein ständiger Begleiter, wird zu einem Fremdwort. Ich kann mich akzeptieren und bin angekommen. Vielleicht mag ich mich sogar. Zumindest manchmal.
Wie schauen andere auf mich? Egal! Ist nicht mehr wichtig! Früher vielleicht, aber jetzt nicht mehr.

Ein paar Macken, die im Alter hinzugekommen sind, ändern das nicht. Ja, ich habe mir ein paar Macken angeeignet. Ich erlaube mir die Freiheit, auch mal chaotisch, albern und unorganisiert zu sein. Niemand wird mich dafür rügen, wenn ich nicht sofort und zu 100 % funktioniere, so wie früher.
Ich muss auch nicht alle Probleme der Welt lösen. Selbst früher musste ich das nicht, obwohl ich manchmal genau das dachte. Aber dieses Problem habe ich nicht mehr.

Ich muss auch nicht mehr jeden Pfennig umdrehen und einen vielköpfigen Haushalt zusammenhalten. Im Mittelpunkt meiner Betrachtungen stehe ich nun selbst. Ich kann mir mal etwas gönnen, auch wenn es extravagant erscheint.

Wenn ich morgens aufwache, muss ich nicht unbedingt einen Tagesplan haben. Natürlich kann ich mir einen zurechtlegen, wenn es mir hilft. Das ist individuell unterschiedlich. Aber ich muss es nicht. Ich kann auch zu unterschiedlichen Zeiten aufstehen. Früher ging das nicht.
Der Wecker hat eine seiner Bedeutungen verloren. Er muss nur noch die Zeit anzeigen. Die innere Uhr ersetzt die Weckfunktion schon länger recht gut. Es ist komisch: Wenn ich ins Bett gehe und daran denke, dass ich am nächsten Morgen um 7 Uhr aufstehen muss, dann klappt das inzwischen auch ohne Wecker.

Diese Freiheit hilft dabei, den Abend vor dem Zubettgehen entspannter zu gestalten. Ich kann aufbleiben, solange ich will.
Und wenn ich nachts mal nicht schlafen kann, lese ich eine Stunde und gestehe meinem Körper das Recht zu, die Schlaf- und Wachzeiten zu bestimmen. Diese Stunde fehlt mir dann nicht am nächsten Tag. Ich kann sie hinten dranhängen. Das ist echte Gelassenheit.
Gelassenheit ist das neue Lebensgefühl.

Meinen Urlaub muss ich nicht mehr mit Kollegen (und früher teilweise auch mit deren Ehepartnern) abstimmen. Den Kampf um die beste Zeit des Jahres brauche ich nicht mehr zu führen. Ich habe die beste Zeit kampflos für mich. Und die beste Zeit ist immer, wenn ich gerade will.

Den nostalgischen Rückblick und sentimentale Gedanken lasse ich zu. Ich höre die alte Musik aus meiner Jugendzeit. Viele Interpreten und Gruppen gibt es ja heute noch. Sie sind wie ich zeitlos unterwegs und noch mit Lust dabei. Sie tun es immer noch, weil sie es können und weil sie es wollen. Sie leben doch auch länger. Insofern waren sie immer ein Vorbild für mich. Heute mehr denn je. Und mit jeder alten Platte kommen die Erinnerungen an die alten Freunde, an die vermeintlich guten alten

Zeiten, obwohl nicht alles gut war.

Manche von ihnen sind nicht mehr unter uns. Ich dagegen darf älter werden. Darf die Freiheit des Alters genießen. Die Früchte früherer Arbeit. Die Erinnerung an frühere Freunde. Ich habe gelernt, nicht zu beklagen, dass sie nicht mehr sind, sondern dafür zu danken, dass es sie gegeben hat.

Ist das alles zu sehr durch die rosarote Brille betrachtet? Nein, ich denke nicht. Es ist vielmehr Realität.
Aber selbstverständlich gibt es auch trübe Tage. Tage, an denen die Schwermut bereits wie Morgentau an den Fenstern hängt, noch bevor ich aufgestanden bin. Dagegen gibt es kein Allheilmittel. Aber jeder für sich weiß, was ihm gute Laune bereitet oder trübe Gedanken vertreibt. Seien es Sport vor dem Frühstück, Spazierengehen, Fahrradfahren, telefonieren, ein bestimmter Tee oder sich einfach umdrehen und im Bett liegen bleiben. Die Freiheit ist da. Oder etwas Verrücktes tun. Etwa ins Auto setzen, zum nächsten See fahren und eine Runde schwimmen, während die Sonne aufgeht.

Der durch die Jahre gezeichnete Körper, bei dem nicht mehr alles jugendlich-straff sitzt, ist schon länger kein Problem mehr. Die Blicke der anderen treffen mich nicht mehr. Gibt es sie überhaupt, die Blicke? Früher schienen sie pausenlos auf mich gerichtet zu sein. Heute schaut keiner mehr hin. – Oder wenn, dann merke ich es nicht. Früher wurden mehrere Badehosen hin und her gewendet und ausprobiert, bevor man sich mit einer in die Öffentlichkeit getraut hat. Und selbst dann blieb die Unsicherheit. Heute wäre auch die Unterhose als Badehose kein Problem mehr. Zweifellos hat doch die Qualität der Unterhosen in den letzten Jahrzehnten zugenommen.
Wie andere Leute über mich denken, ist nicht mehr wichtig.

Das Körpergefühl wird nicht nur dadurch bestimmt, was aktuell schmerzt oder gerade nicht mehr so gut funktioniert. Natürlich sind die kleinen Zipperlein allgegenwärtig. Aber haben Sie denn für sich nicht auch realisiert, dass noch 91 % des Körpers recht gut funktionieren? Also warum permanent die anderen 9 % hervorheben?

Ich kann Fehler besser eingestehen als früher. Ich habe auch früher Fehler gemacht, aber aus Angst vor Sanktionen und um Schwächen nicht eingestehen zu müssen, habe ich sie nicht immer zugegeben. Die Karriere durfte nicht leiden.
Heute darf ich sogar viele Fehler machen, ohne dass mich jemand dafür rügt. Ich bin eben alt. Relativ betrachtet.
Allerdings auch in einer Zeit, in der die heutigen „60“ die neuen „40“ sind. Das verschafft mir auch eine gewisse Narrenfreiheit. Natürlich nehme ich sie mir auch. Dadurch gehe ich positiver durchs Leben.
Irrungen und Wirrungen während des Lebens habe ich überstanden. Enttäuschungen gehörten dazu. Ich war nie ganz einfach. Kreative Menschen sind nicht einfach.
Rückschläge brachten mir bei, wieder aufzustehen und Verständnis und Mitgefühl für andere Denkweisen und für andere Menschen zu entwickeln.
Selbstverständlich war manches schwer, auch im Privatleben. Aber ich habe durchgehalten. Es gibt die Familie noch, die ich gegründet habe und irgendwann trägt sie mich, wenn ich sie nicht mehr tragen kann. Sie ist Rückhalt und Auffangbecken, besonders für jemanden wie mich, der sich viel ausprobiert hat und es noch immer tut. So einer war ich und bin ich noch. Meine Familie und meine Freunde nehmen mich so, wie ich bin. Das trägt bereits jetzt.

Ich mag mich inzwischen. Aber niemals wird man von allen gemocht. Sonst wäre man vollkommen. Vollkommenheit gibt es

nicht. Ich schätze Perfektionismus, aber ich erlaube mir kleine Schwächen.
Im Sommer esse ich jeden Tag ein Eis.

Die Zeit läuft unaufhörlich weiter. Darum ist keine Zeit zu bereuen, was nicht geglückt ist oder sich anders hätte entwickeln können. Stattdessen schaue ich nach vorn und sehe immer noch Ziele, habe immer noch Wünsche und bleibe neugierig. Es kommt noch was. Mein Lebensgefühl sagt es mir.

Den Alltag und seine Widrigkeiten beherrschen

Unser Alltag steckt voller Tücken. Dabei hat das noch nicht einmal zwangsläufig mit dem Alter zu tun. Unsere Gesellschaft entwickelt sich rasend schnell. Hier der Überforderung zu entgehen, ist nicht immer leicht. Manchmal allerdings machen wir es uns auch selbst unnötig schwer. Zum Beispiel im Umgang mit unseren Mitmenschen. Oftmals reden wir aneinander vorbei oder hören nicht zu, wenn andere etwas sagen.
Dies vorausgeschickt habe ich zu unserem Alltag und seinen Widrigkeiten einige Themen ausgesucht und bearbeitet.
Da wäre etwa die Entwicklung der Motorisierung. Selbstfahrende Autos, zunehmende Verkehrsdichte und der immer noch krampfhafte Versuch, den Menschen das Auto madig zu machen, damit sie verstärkt die öffentlichen Verkehrsmittel benutzen. Ein Problemfeld von vielen.
Bald sollen selbstfahrende Autos das Bild beherrschen. Aber wollen wir das? Fahren ohne selbst zu fahren?! Einfach nur tatenlos drinsitzen?! Und wie gehen wir mit den immer älteren Verkehrsteilnehmern um? Sie wollen so lange wie möglich mobil bleiben. Die Technik kann das heute ermöglichen. Lesen Sie „Autofahren im Alter." Hier zeigt sich, dass ältere Mitbürger dank moderner Technik nicht länger überfordert sind, wenn sie ihr Auto nutzen wollen.

Überfordert fühlen sich auch Männer im Supermarkt. Besonders wenn sie nur gelegentlich einkaufen gehen. Da stellt der plötzlich anberaumte wöchentliche Einkauf eine große Herausforderung dar. Denn hier treffen nun einmal zwei Welten aufeinander. Mann tut sich schwer. Dass hier nicht alles gelingt, liegt auf der Hand. Und doch ist der Mann stets lösungsorientiert. Auch in der größten Misere findet er Wege, um die Lage zu kontrollieren und seinen Einkauf letztlich nicht nur für ihn zu einem unvergesslichen Erlebnis werden zu lassen. Lesen Sie selbst!

Viele der alltäglichen Probleme verarbeiten und bewältigen Frau

und Mann in Gesprächen. Jedoch nicht miteinander. Frauen brauchen ihresgleichen für einen fruchtbaren Austausch und auch Männer bevorzugen gleichgeschlechtliche Gespräche. Schließlich sind ihre Gedanken, Kenntnisse und Einschätzungen intellektuell so anspruchsvoll, dass sie nur ein männlicher Gesprächspartner nachvollziehen kann. In beiden Fällen wechseln wichtige Informationen die Seite. Ihre Gesprächsmuster entsprechen stets ihrem Rollenverständnis. Die besondere Form der Empathie wird durch den festen Willen deutlich, die eigene Gesprächsbotschaft auch dann abzusetzen, wenn die Ohren des Gesprächspartners erkennbar überhaupt nicht auf Empfang ausgerichtet sind.
So dienen Gespräche unter Nachbarn am Gartenzaun besonders der Selbstbestätigung, nämlich dass die ganze Welt ihre Meinung teilt, egal, welcher Meinung sie sind. Falls das ausnahmsweise mal nicht der Fall gewesen sein sollte, so konnte wenigstens die Botschaft abgesetzt werden. Befriedigung tritt auch dann ein.

Dort wo Gegensätze und Unverständnis aufeinandertreffen, ist eine weiterführende Kommunikation nur schwer möglich. Nirgendwo wird das deutlicher als in Kontakten mit Behörden. Hier können Unerfahrenheit im Umgang miteinander zu unüberbrückbaren Differenzen und großen Missverständnissen führen. Besonders ältere Zeitgenossen können dem Tempo der Entwicklung einer fortschrittlichen und sich selbst immer wieder hinterfragenden öffentlichen Verwaltung nur noch schwer folgen. Hier helfen besonders geschulte Verwaltungsmitarbeiter und holen den Bürger dort ab, wo er steht.

Was treibt uns dagegen im Alltag um. Die Zeiten, als wir glaubten, wenigstens unsere eigenen vier Wände beherrschen zu können, sind unwiederbringlich vorbei. Technischer Fortschritt macht uns das Leben schwer. Das Smart-Home ist nicht für den

Menschen, sondern der Mensch ist für das Smart-Home da. So sind wir aufgefordert, staunend zur Kenntnis zu nehmen, was heutzutage alles möglich ist, um Wohnen auf eine andere Art erleben zu können. Sofern wir wenigstens einen Teil dessen beherrschen.

Aber immerhin haben wir einen Partner, mit dem wir alles teilen können. Außer … er/sie ist mal nicht da. Dann gelten die Regeln über die „sturmfreie Bude“. Kennzeichnend für diese Regeln sind, dass vieles, was bisher aus Rücksicht auf den Partner ein Tabu war, plötzlich möglich erscheint. In diesem Fall gilt es, die Zeit der sturmfreien Bude so intensiv wie möglich zu nutzen, um dieses Erlebnis der besonderen Art noch lange auskosten zu können. Laden Sie sich dafür Gäste ein und erleben Sie, wie diese sich bei Ihnen wie zu Hause fühlen! Wie sich Ihre Mühe gelohnt hat, erkennen Sie am erstaunten Gesicht Ihres Partners, wenn er/sie wieder heimkehrt.

Themen rund um die Gesundheit genießen im fortgeschrittenen Alter einen hohen Stellenwert. Insofern prägen sie auch den Alltag der Mitmenschen. Vielen widerfährt eine früher nicht gekannte Vergesslichkeit. Und sie fragen sich, ob das noch normal oder schon krankhaft ist. Angesichts des hierzulande bestehenden Facharztmangels sollte ein weiterer Arztbesuch stets gut überlegt sein.
Vielleicht ist manche Krankheit auch nur eine Einbildung. Diese Erkenntnis lässt den Menschen verzweifelt zurück. Was ist nun richtig und was nicht? Wir sind im Alltag leider öfter als wir es ahnen der Selbsttäuschung ausgesetzt. Wo sich dies alles abspielt, zeigt das entsprechende Kapitel anhand einiger Beispiele.

Schließlich spricht die ganze Welt seit nunmehr gut zwei Jahren über die Corona-Pandemie. Wie kann man daher heute ein Buch schreiben, ohne dieses Thema aufzugreifen? Eigentlich geht das nicht. Und doch wissen Sie ja alles über Corona. Und das, was Sie nicht wissen, ersetzen Sie durch Ihre unumstößliche Meinung zu diesem Thema. – Keine Angst: Ich möchte Ihnen meine Meinung dazu überhaupt nicht aufdrängen. Schon gar nicht zum gefühlt einmillionsten Mal irgendwelche wissenschaftlichen Ansichten dazu mitteilen. Ich möchte lediglich darauf hinweisen, dass es Gründe gibt, von diesem Virus enttäuscht zu sein. Lesen Sie selbst …

Smart Home – neue Herausforderungen

Wir aus der älteren Generation bekommen von Zeit zu Zeit den Druck zu spüren, sich mit Neuheiten auseinanderzusetzen. Das fällt bekanntlich mit zunehmendem Alter immer schwerer, besonders auf dem technischen Sektor. Wir alle wissen, die Lernkurve wird im Alter steiler. An Dingen, die bekannt und bewährt sind, halten wir gern fest. Neues verursacht bei uns bisweilen Berührungsangst. Sei es, dass wir glauben, neuer Technik nicht gewachsen zu sein, oder aber einfach aus Bequemlichkeit.
Dazu gibt es eine ganze Reihe von Sprichwörtern, an denen wir uns orientieren, und die Leitbilder für ganze Generationen sind. Einig darin, an vorhandenen Werten festzuhalten. Beispiele gefällig? „… da ist das Gute noch nicht von weg“ oder „… warum willst Du Geld verbrennen?“ … „bekannt und bewährt“ … und einiges mehr. Dahinter stecken jahrzehntelange Erfahrungen sowie Weisheiten der Eltern und Großeltern, die sich uns förmlich ins Gehirn gebrannt haben.
Hält man beharrlich daran fest, ist man heutzutage sehr schnell „out“, wenn man mit den technischen Neuerungen nicht mitgeht und förmlich isoliert, wenn man sich permanent und auf Dauer neuen Technologien verweigert. Wer weiß das besser als wir Babyboomer, die erst spät den Computer und noch später das Handy kennenlernen durften? Ungunst der Zeit in unserem Fall?

Das ist Ansichtssache. Wir sind auch ohne dem gut aufgewachsen. Was wir nicht kannten, haben wir auch nicht vermisst. Und das war gut so.
Die behütete Kindheit ohne Social Media, die Kommunikation von Mensch zu Mensch ohne technische Hilfsmittel – das hat uns geschult und zu dem aufgeklärten, sozialen Wesen gemacht, das wir sind.
Inzwischen schreitet die Entwicklung neuer Technologien, hier besonders die Digitalisierung, in jedem Lebensbereich schnell voran. Es wird immer schwerer, alte Gewohnheiten beizubehalten und alles Neue nicht an sich heranzulassen.

Das gilt insbesondere dann, wenn der technische Fortschritt mit einem wichtigen Staatsziel verbunden ist, wie etwa dem Klimaschutz. Sich diesem Ziel zu verweigern, gilt nicht nur als technikfeindlich, sondern verschafft automatisch ein schlechtes Gewissen obendrein, indem man der Umweltverschmutzung Vorschub leistet.
Dabei wollen wir doch inzwischen wirklich alle CO2 vermeiden. Im Autoverkehr passen wir uns bereits an, zum Beispiel durch die E-Autos. Nun aber hat es die Immobilien erwischt. Wollen wir in unserem Haus den Energieverbrauch reduzieren, helfen uns mittlerweile smarte Technologien. Selbstverständlich vernetzt und über eine App steuerbar.
So können wir den Stromverbrauch mittels smarter Lichtsysteme senken. Das Licht reagiert mit an und aus, wenn jemand im Raum ist bzw. diesen verlässt. Eigentlich eine gute Idee. Selbst unsere angeborene Technikfeindlichkeit wird ausgetrickst, da wir selbst gar nicht Hand anlegen müssen.
Die App denkt für uns. Lediglich nur die mit mäßiger Intelligenz ausgestatteten Haustiere laufen blindlings durch die Lichtschranke, ohne dabei den Raum zu verlassen. Damit hat das System nicht gerechnet. Ungewöhnliches Laufverhalten ist nicht einkalkuliert. Denken wir an den streunenden Hund, der das

Licht an- und ausknipst, ohne es zu wollen. So kann schon einmal der Stromspargedanke ins Gegenteil verkehrt werden.

Neben dem Strom ist Wärme ein wesentlicher Wohlfühlfaktor. Erdwärme über elektronisch gesteuerte Pumpen und per Sprachbefehl bedienbare Thermostate sind bereits heute möglich. Auch Solaranlagen sind immer öfter auf den Dächern in Form von Photovoltaik anzutreffen. Der bisherige Stromversorger wird mehr und mehr überflüssig und der über den eigenen Bedarf benötigte Strom wird zusätzlich gespeichert. Hier bietet sich das Elektroauto als dankbarer Stromabnehmer an.
Die Fehler, die wir heute beim Lüften und auch beim Heizen machen, etwa, indem wir stundenlang die Fenster angekippt lassen, werden vermieden. Die notwendige Luftzirkulation wird durch Sensoren überwacht und automatisch geregelt. Auch die Temperatur wird entsprechend vom System überwacht und gesteuert.

Im Alltag haben diese technischen Errungenschaften enorme Vorteile. Die angepasste Geschirrspülmaschine erkennt das Geschirr und den Verschmutzungsgrad und wählt daraus das passende ökologisch und ökonomisch optimierte Programm. Die Intelligenz der Maschine beeindruckt.
Meine vorhandene Geschirrspülmaschine arbeitet dagegen nur stur und programmgebunden. Sie braucht einen Tastendruck des Menschen. In einem Punkt ist sie hingegen schon relativ selbstständig. Sie steuert den notwendigen Austausch des Geschirrs, indem sie nach jedem Spülgang ein Teil zerbrochen zurückgibt. So erspart sie dem Haushalt die zeitraubende Entscheidung über den Neukauf vorhandenen Geschirrs und fördert somit unmittelbar das deutsche Wirtschaftswachstum.
Eine weitere Hilfe erwartet uns Grundstückseigentümer im Garten. Der Rasenroboter. Er mäht den Rasen eigenständig, ohne dass Personal eingreifen muss. In meinem Fall arbeitet das Gerät

allerdings nur suboptimal. Seine Programmierung scheint er von einem Panzerhersteller erhalten zu haben. Er scheut nämlich vor keinem Hindernis zurück, sondern fährt alles um, was sich ihm in den Weg stellt. Aufgrund dieses kleinen Defizits setze ich ihn verstärkt in der Unkrautbekämpfung ein. Hier lässt er förmlich keinen Stein auf dem anderen, was bedeutet, es bleibt keine Vegetation stehen. Fehlendes technisches Feintuning, sicherlich. Aber dafür ein Kahlschlag, wo immer er war. Hinterher braucht es etwas Zeit zum Aufräumen.

Gut … es ist vielleicht noch nicht alles vollständig ausgereift. Jedoch kann man davon ausgehen, dass uns die Techniklawine weiter überrollt und unser Heim zunehmend „smarter" gestaltet. Was immer das für unser zukünftiges Wohnen verheißen mag. So lange alles funktioniert, ist es ja gut. Aber was ist, wenn Reparaturen nötig sind?

Ein paar Wünsche hätte ich schon noch:
Der Kühlschrank sollte nicht nur die kühlende Lagerstätte für Lebensmittel sein, sondern ein Freund und Berater für den Menschen. Ich erwarte von ihm aktive, auf meine individuellen Ernährungsgewohnheiten und körperlichen Eigenschaften abgestimmte Tipps. So zum Beispiel den Hinweis: „Hände weg von den Eiern! Denk an Deinen Cholesterinspiegel!" Oder aber: „Vorsicht! Die soeben berührte Wurst hat einen Fettgehalt von 45 %."
Als motorisierte Verkehrsteilnehmer wissen wir auch zu schätzen, wenn es heißen würde: „Lass das Bier stehen, Du hast bereits 1,4 Promille!" Die gleiche Information sollte aber zeitgleich an den Pkw und ab 1,6 Promille an das Fahrrad weitergegeben werden.
Ich empfinde nicht jeden möglichen technischen Fortschritt als wirklich sinnvolle Bereicherung des Lebens, aber solche Hinweise wären ein Gewinn.

Insgesamt müssen wir aufpassen, dass uns die Techniklawine nicht überrollt. Noch ist es leider nicht so weit, dass man uns an die Hand nimmt oder alles selbsterklärend ist. Deutsche Ingenieurskunst ermöglicht zwar vieles. In Zusammenarbeit mit unserem Hang zur Bürokratie werden einfache Haushaltsgeräte allerdings zu kompliziert zu bedienenden Technikmonstern. Oder wie erklärt es sich, dass für einen einfachen Toaster Bedienungsanleitungen über 85 Seiten geschrieben werden müssen?!

Autofahren im Alter

Die liebgewordene Nutzung des eigenen Pkw bereitet vielen Senioren Probleme. Dabei können sie besonders im Alter angesichts nachlassender körperlicher Kräfte nicht auf Mobilität verzichten. Vieles am Fahrzeug erweist sich aber als schwierig. Teils passt das Gefährt nicht mehr zu den als bequem empfundenen Sitzgelegenheiten, teilweise sind durch die Ungunst des Alters körperliche Unzulänglichkeiten entstanden, die das Autofahren erschweren. Aber es ist nicht nur das. Hinzu kommt eine gewisse Reserviertheit in der Bevölkerung gegenüber den älteren Autofahrern. Man unterstellt ihnen mangelnde Eignung, obwohl die Verkehrsunfallstatistiken eindeutig das größere Schadensrisiko bei den jüngeren Autofahrern nachweisen. Das einmal gefasste Vorurteil hält sich dennoch beharrlich und verleidet dem einen oder anderen reiferen Verkehrsteilnehmer seinen Spaß am Autofahren. Hier ist dringend Aufklärungsbedarf vonnöten. Es muss zudem Abhilfe geschaffen werden, indem der Bevölkerung endlich die Wahrheit über das Autofahren im Alter beigebracht wird und indem die Industrie die notwendigen Hilfen in die Automobile einbaut. Schließlich gilt es, die älteren Autofahrer nicht an die öffentlichen Verkehrsmittel zu verlieren.

Machen wir uns nichts vor. Fakt ist doch immer noch:

Senioren verfügen über viel Erfahrung. Auch wenn sie sich erst im fortgeschrittenen Alter zum Erwerb der Fahrerlaubnis entscheiden sollten, so blicken sie doch zurück auf das langjährige unfallfreie Fahren von Aufsitzrasenmähern, Gartenschubkarren und Einkaufswagen im Supermarkt. Einige Fahrschulen haben dies bereits erkannt und gewähren den älteren Fahranfängern einen am Lebensalter gekoppelten Bonus in Form verkürzter Pflichtstunden.

Der notwendige theoretische Unterricht wird allerdings noch in der gewohnten Strenge durchgeführt. Leider ein Übel für ältere Fahranfänger, da die Lernkurve im Alter bekanntlich steiler wird. Da nützt auch der Hinweis nichts, dass die Vorfahrt an der Kreuzung erfahrungsgemäß Verhandlungssache ist. Bei Unklarheiten wird gern schon einmal die Seitenscheibe heruntergefahren und es fallen einige Kraftausdrücke. Wer es schafft, hier energisch aufzutreten, setzt sich im Verkehr durch. Auch hier haben Senioren eindeutig Vorteile.

Jedoch ist das nicht das einzige Problem älterer Verkehrsteilnehmer. Die im Alter nachlassende Sehkraft stellt den einen oder anderen Senioren vor Schwierigkeiten beim Autofahren. Das muss eigentlich nicht sein. Hier hilft ein Beifahrer, der auch nicht über einen Führerschein verfügen muss, sondern nur gute Augen besitzen sollte. Mit gezielten Hinweisen informiert er während der Fahrt über das Verkehrsgeschehen. Routinierte Beifahrer übernehmen an jeder Kreuzung die Information über die Fahrtrichtung rechts, sodass der Autofahrer lediglich nach vorn und links schauen muss und damit spürbar entlastet wird. Bei Unklarheiten sollte der Beifahrer ruhig einmal öfter um Rat gefragt werden, zum Beispiel wenn es um das Überholen anderer Fahrzeuge geht.

Aber auch die Autos der Zukunft benötigen angesichts einer immer älter werdenden Bevölkerung einige Umbauten.

Prototypen namhafter Hersteller sind hier bereits sehr

fortschrittlich und weit in der Entwicklung. Absehbar sind bereits einige weitreichende Veränderungen:
Der Einstieg erfolgt nach dem Öffnen der Fahrertür mithilfe einer fest installierten Querstange, die das behutsame Abgleiten auf den Fahrersitz ermöglicht. Autofahrer, die sich nicht mehr allein aus dem Sitz herausbewegen können, bekommen Hilfe durch eine Hebeanlage auf Knopfdruck. Pilot dafür ist ein ausreichend verlangsamter Schleudersitz.
Aber es gibt noch andere Ansätze für den Fahrkomfort.
Geht es Ihnen nicht auch so, dass Sie einsteigen und Sie wissen nicht mehr, was Sie überhaupt tun sollen? Kein Problem:
Der Startvorgang wird ähnlich den Flugzeugen mit einer umfassenden Checkliste vorbereitet. So ist sichergestellt, dass einzelne Vorgänge wie etwa Zündschlüssel einführen, den Leerlauf wählen, anschnallen und Radio anstellen nicht vergessen werden können. Hierzu ist das beliebte Musikprogramm „Alexa" um eine Pilotenapp sinnvoll erweitert worden. Der Zeitbedarf für die Checkliste sollte aber großzügig eingeplant werden. Schließlich ist der Zündschlüssel möglicherweise gerade nicht auffindbar, obwohl er vor einer Minute noch zum Öffnen der Tür verwendet worden ist.

Auch bei der Innenausstattung ist Innovatives geleistet worden. Namhafte Möbelhäuser und Modedesigner haben die Entwicklung begleitet.
Der Bequemlichkeit dienen so auch gepolsterte Kopfkissenlehnen und Handtaschenablagen. Frauen brauchen im Auto der Zukunft künftig nicht mehr auf Make-up zu verzichten. Der Innenspiegel ist mit zwei weiteren Schminkspiegeln aufgerüstet worden und per Knopfdruck lässt sich vom Innendach wahlweise eine Parfümberegnung oder Puderstaub abrufen. Heute noch nicht selbstverständlich ist der geregelte Flüssigkeitsaustausch, den besonders ältere Verkehrsteilnehmer benötigen. Eine gut sortierte Bordbar im Heck des Fahrzeugs schafft sofort Abhilfe.

Um der Blasenschwäche älterer Autofahrer wirksam zu begegnen, ist unterhalb des Fahrersitzes die Bordtoilette ständig nutzbar. Lediglich auf das gewohnte Urinieren im Stehen muss dabei während der Fahrt verzichtet werden.
Zur medizinischen Grundversorgung gehört überdies eine kleine Auswahl an guten Kräuterlikören und ein Gebissreiniger.

Mit diesen Ausstattungsstandards sollte das Autofahren in Deutschland auch den Senioren ohne Altersbegrenzung weiter möglich sein. Die Automobilindustrie bleibt damit auch künftig der führende Wirtschaftszweig in Deutschland und auf fortgesetztem Wachstumskurs. Schließlich ist das doch das entscheidende Kriterium.
Denn erst im Alter verfügt der Mensch über so viel Geld, sich das Auto zu leisten, das er nicht mehr alleine fahren kann. In jungen Jahren geht das nicht.

Einkaufen im Supermarkt

Einkaufen ist nur eine Frage der Übung. Als Junggeselle habe ich mich überwiegend selbst versorgen müssen. Der regelmäßige Besuch in einem Supermarkt gehörte zu den wöchentlichen Ritualen. Als Familienvater war ich nach der vereinbarten Rollenverteilung für das Einkaufen nicht mehr primär zuständig. Lebensmittel, Hygieneartikel, kleineren Hausrat und ähnliche Dinge kamen mir aus dem Sinn. Ich besorgte Getränke in Kisten, weil ich auch öfter allein beruflich mit dem Auto unterwegs war. Eigentlich ist es bis heute so geblieben – von wenigen Ausnahmen einmal abgesehen. Den Einkauf alltäglicher Dinge habe ich im Laufe der Zeit etwas verlernt.

Meine nunmehr freiberufliche Tätigkeit macht mich allerdings wieder zum Begierdeobjekt, wenn es um den Einkauf im

Supermarkt geht. Wer seine Zeit frei einteilen kann, setzt sich der Gefahr aus, dass von außen hemmungslos darauf zugegriffen wird.
Darüber kann man ja reden … dachte ich. Aber ehe ich mich versah, hatte ich den Auftrag bereits bekommen. Gegenwehr zwecklos.

Mit sparsamem Blick fixierte ich, was mir auf den Einkaufszettel geschrieben wurde. Die meisten Dinge werde ich mangels Übung länger suchen müssen, auch da mir die Artikelzuordnung in den Regalen der Supermärkte zeitlebens ein Rätsel geblieben ist. Das Allermeiste auf dem Einkaufszettel hätte ich selbst nicht besorgen wollen. Fremdbestimmtes Einkaufen. Vergleiche ich dann nach dem Einkauf, was ich davon tatsächlich besorgt habe – und was nicht – gibt es bestimmt erhebliche Unterschiede. Nun ja … das ist die Rache des kleinen Mannes. Ich suche nur, solange ich dazu Lust habe. Was ich nicht finde, wird durch anderes ersetzt oder fällt weg. Das ist ein Stück weit die Resignation vor der unüberschaubaren Vielfalt.

Heute war es einmal wieder so weit. Einkaufen im Supermarkt war angesagt.
Was mir beim Betreten des Supermarktes regelmäßig zu allererst auffällt, ist die Dauerbeschallung durch angeblich verkaufsfördernde Musik, hin und wieder unterbrochen durch wichtige Hinweise auf Sonderangebote. Auf mich wirken diese Hinweise wie der Versuch, Lebensmittel zu verkaufen, die sich ohne hartnäckige Werbung nicht gut genug verkaufen lassen. Genau genommen könnte dann die Ansage auch lauten: „Achtung, demnächst verderben die Südfrüchte und sind dann ungenießbar. Bitte kaufen Sie diese daher vorrangig. Außerdem läuft bei folgenden Artikeln noch diese Woche die Mindesthaltbarkeit ab …“

Mein Gedanke kreist daher eher darum, die so angepriesenen

Artikel auf jeden Fall zu meiden. Aber zurück zur Musik: Wer hat sich eigentlich einfallen lassen, dass die Berieselung psychologisch betrachtet verkaufsfördernd wirkt? Auf mich wirkt die Musik entweder als Einschlafhilfe, die ich hier nun absolut nicht gebrauchen kann, oder aber nervtötend. Sie hindert mich in meiner Konzentration und bewirkt daher eher, dass ich den Laden vorzeitig wieder verlasse.
Da mir die Routine für Einkäufe im Supermarkt fehlt, stört jeder äußere Einfluss, dem ich ausgesetzt werde. Also auch Musik. Einfach weghören gelingt mir nicht. Klar, irgendwo ist das auch mein Problem.

Der Verkaufsförderung dienen eher sogenannte „Stopper" oder auch „Kundenstopper" genannt. Das sind Tische oder Regale mit Artikeln, die einem einfach in den Weg gestellt werden. Den Einkaufswagen an der Hand ist ein Ausweichmanöver nötig. Das wird natürlich bewusst kalkuliert, geht es doch darum, den Kunden hier zu verlocken und direkt zugreifen zu lassen. Unweigerlich stehe ich vor dem ersten Stopper und es entsteht ein Stau, weil vor und hinter mir alle Wagen anhalten. Wo ist hier die Verkehrsdurchsage mit der Umleitungsempfehlung?
Fehlanzeige – die Musik läuft ununterbrochen weiter.
Mein Ausweichmanöver gelingt mir und ich umkurve den ersten der Stopper und mogele mich an den anderen Einkaufswagen vorbei.
Weit komme ich trotzdem nicht. Ein plötzlich auftauchender Mann im Sportanzug händigt mir ungefragt eine Einladung für ein Probetraining im Fitnessstudio aus und fragt mich, ob ich an einer Verlosung teilnehmen möchte. Selbstverständlich völlig unverbindlich und mit guter Gewinnaussicht. Aber alle Gewinne hatten irgendwie nur mit Fitnessaktivitäten zu tun. Fest gewillt mich nicht weiter aufhalten zu lassen, lehne ich dankend ab und fahre weiter. Während ich noch meinen Einkaufszettel suchte und ohne nach vorn zu schauen weiterfuhr, bremste mich

plötzlich wie aus dem Nichts ein in den Weg geschobener Getränkestand aus. Es handelte sich um das Weingut eines namhaften Herstellers einschließlich seiner Söhne. „Haben Sie Lust, mal ein Glas zu kosten?“, fragte mich der freundliche mittelalte Herr in einem auffällig zu knappen Anzug und mit breiter Krawatte und ebensolchem Lächeln.
Er muss meine momentane Orientierungslosigkeit erkannt haben und hielt mir bereits ein halbvolles Weinglas mit einem Weißwein entgegen.
„Nehmen Sie! Tun Sie sich etwas Gutes!“
Sichtbar aus dem Konzept gebracht, griff ich instinktiv zu. Die Suche nach dem Einkaufszettel geriet dabei in Vergessenheit und ich ließ mich auf sein Angebot ein. Da ich Durst hatte, leerte ich das Glas – etwas unüblich unter Weintrinkern – in einem Zug. Der Weinverkäufer sah mich herausfordernd an und äußerte so etwas wie ein „Nun …?“ Er wollte wohl eine Bewertung hören.
Ich zuckte mit den Schultern, während er mir aus einer Kladde vorlas, um was für einen Wein es sich dabei handelte. Ich erwischte mich dabei, dass ich gar nicht zuhörte und weiter meine Taschen nach dem Einkaufszettel durchwühlte. Er musste das bemerkt haben und drückte mir sofort ein weiteres Glas in die Hand, diesmal mit einem Rosé. Ich nippte daran und schüttelte den Kopf. Nein …, den mochte ich nicht. Zu süß. Um den Geschmack wegzubekommen, übernahm ich nun für mich selbst etwas überraschend die Initiative und fragte, ob er denn auch Rotwein dabei habe. „Ja, natürlich … einen Moment … da können Sie wählen aus … oder …“, nannte er mehrere mir unbekannte Weine und befüllte eilig drei verschiedene Gläser je zur Hälfte. Oder waren es sogar vier …?
Ich bin mir heute nicht mehr sicher, habe die Gläser aber nacheinander ausgetrunken und bekam zwischendurch – sozusagen zum Neutralisieren der Zunge – einen perligen Sekt.
Einen Moment lang muss ich unaufmerksam gewesen sein, hatte

so etwas wie einen Blackout. Als ich mich wieder besinnen konnte, lag der Weinstand einen halben Gang hinter mir und ich schob etwas ungelenk den leeren Einkaufswagen mit langsamen und etwas schwankenden Schritten vor mir her. Ich bemerkte leichte Ausfallerscheinungen in meiner Fortbewegung. Dabei muss ich wohl einige andere Wagen und auch einen weiteren Stopper etwas gerammt haben. Ein betroffener Kunde raunte mir etwas Unflätiges entgegen. Ich verstand ihn nicht gut. Auch besser so.

Wohl aber nahm ich wahr, dass mir am Ende des Ganges jemand ein „Grüß Dich … Du auch hier …?“, von der Seite aus zurief. Ich erwiderte mit einem wohl leicht verkniffenen Grinsen, ohne denjenigen bewusst wahrzunehmen. Und hörte nur noch so etwas wie „Schönen Gruß zu Hause …!“

Noch immer hatte ich den Einkaufszettel nicht gefunden. Dabei war ich sicher, ihn in die Jackentasche gesteckt zu haben. Zu allem Unglück hatte ich ihn mir zu Hause nur flüchtig durchgelesen und war daher – auch durch die inzwischen eingetretenen Umstände – nicht mehr sicher, was ich eigentlich einkaufen sollte. Es war einfach weg.

Mein Weg führte mich direkt an der Schlachterei vorbei. Es mögen die Gläser Wein gewesen sein, die mir einen Heißhunger auf etwas Herzhaftes eingebracht hatten. Sollte ich überhaupt Wurst oder Fleisch kaufen? Ich war mir nicht sicher! Ein Probierteller mit einer aufgeschnittenen Mettwurst stand auf der Wursttheke. Ich griff sofort zu und erwischte mich dabei, nicht nur die übliche Probiermenge zu essen, sondern den Teller komplett zu leeren. Dabei fühlte ich mich unbeobachtet, was sich jedoch als falsch herausstellte.

„Na, Ihnen schmeckt`s wohl?!“, erklang es von der Seite, die ich zuvor als unbeobachtet wähnte. Ich streifte kurz den Blick der Fleischerfachverkäuferin. Sie musste mich komplett beobachtet haben. Leicht verlegen kaufte ich bei ihr gleich zwei große

Ringe dieser Mettwürste und eine Zehnerpackung Bratwürste. Mir war dunkel in Erinnerung, dass ich für das heutige Abendessen einkaufen sollte. Vielleicht können wir grillen. Die Suche nach dem Einkaufszettel hatte ich jetzt aufgegeben.
Ein Sixpack Bier komplettierte meinen Einkauf.

An der Kasse öffnete ich mein Portemonnaie. In hohem Bogen flog der Einkaufszettel aus dem Portemonnaie und landete für mich unerreichbar unter dem Kassenhäuschen. Ich ließ mir nichts anmerken und zahlte.
Irgendwie werde ich das Gefühl nicht los, dass Einkaufen im Supermarkt nicht zu meinen wirklichen Kompetenzbereichen zählt.

Zu Hause angekommen fiel mein Blick nach dem Öffnen der Haustür sofort auf einen Zettel, der in der Diele auf dem Fußboden lag. Es war der Einkaufszettel. Er muss mir beim Anziehen aus der Jackentasche gefallen sein. Dagegen musste der Einkaufszettel, der aus meinem Portemonnaie stammte, von letzter Woche gewesen sein.

Wie auch immer. Ich hob ihn auf. Darauf standen diverse Zutaten für einen vegetarischen Auflauf. Und nun dämmerte es mir. Gäste hatten sich angesagt. Überzeugte Vegetarier. Alkohol trinken sie auch nicht. Mein Einkauf passte somit überhaupt nicht zur heutigen Planung …
In der Jackentasche war doch aber noch ein Zettel. Nach näherem Hinsehen entpuppte der sich als Vertrag über die Abnahme eines Probierpakets zweier Kisten Wein mit je 12 Flaschen zum Vorzugspreis von 198 Euro zuzüglich Versandkosten. Lieferung per Nachnahme.

Mit diesem Ergebnis konnte ich mich unmöglich zu Hause sehen lassen. Aber noch einmal zum Supermarkt zu fahren dauert zu

lange. Da hilft nur eins:
Ich diktiere dem Italiener um die Ecke meinen Einkaufszettel. Vielleicht kann er daraus einen Auflauf herstellen und über den Bringdienst liefern. In der Zwischenzeit kann ich mich mal ein Stündchen hinlegen. Gesagt – getan …

Ich muss sofort eingeschlafen sein.
Das Klingeln der an der Haustür hielt ich für einen Teil meines Traumes. Aber es war echt. Leicht schwankend und verkatert vernahm ich aus der Ferne die Stimmen unserer Gäste. Mir blieben ca. 30 Sekunden, um mich im Bad zu erfrischen. Aus dem Badfenster sah ich außerdem den italienischen Bringdienst um die Kurve unserer Straße biegen. Weitere 30 Sekunden blieben mir nun für eine plausible Erklärung …

Selbsttäuschung

Wir denken über viele Dinge nach, selten aber über das Nachdenken an sich. Täglich treffen wir hunderte von Entscheidungen, und wir glauben zu wissen, warum. Aber darin irren wir. Es gibt eine ganze Reihe von Schwankungen, denen wir unterliegen, auch bei gründlichem Nachdenken. Das ist zunächst unsere Tagesform, auch Laune genannt. Sie wechselt. Das Wetter beeinflusst uns. Den einen mehr, den anderen weniger. Und es macht einen Unterschied, ob wir ausgeschlafen sind, ob es Tag oder Nacht ist.
Aber wir sind auch unterschiedlich stark empfänglich für Fake News, um ein „modernes“ Phänomen als Beispiel zu nennen.

Können wir Entscheidungssituationen im Alter besser beurteilen als in unserer Jugend? Vielleicht weil unsere Intelligenz mit dem Alter zunimmt?
Ohne jetzt dieses große Fass aufzumachen und dabei das

Glatteis der hierzu möglicherweise widersprüchlichen Studien zu betreten: Nein, das glaube ich nicht!
Eher ist es wohl der im Leben gewonnenen vielfältigen Erfahrung zu verdanken, dass man zu vielen Dingen im Alter ein abgeklärtes Verständnis entwickelt. Das führt allerdings oft zu einem Erfahrungsaustausch eigener Art.
Unterhalte ich mich mit Menschen meiner Generation, verläuft die Kommunikation häufig eingleisig. Ich schildere ein Ereignis oder ein Erlebnis und mein Gesprächspartner weiß dazu etwas aus eigenen Erfahrungen zu berichten. Ist das mal nicht der Fall, lenkt er das Gespräch auf ein ähnliches Thema, das ihm dazu einfällt. Damit ist mein Thema vom Tisch.
Jeder erzählt seine Geschichte, ohne auf die des Gesprächspartners einzugehen. Diese Eigenschaft in unserer Kommunikation ist häufig anzutreffen.
Er sind halt die eigenen Erfahrungen, die man loswerden möchte. Außerdem neigt die Mehrzahl der Menschen dazu, sich lieber mitzuteilen als anderen zuzuhören.
Eigentlich menschlich. Und vor allem Irrtum vorbehalten – wie in so vielen Lebenssituationen.

Selbsttäuschung beginnt vor allem da, wo wir uns etwas einreden, was nicht ist. Vielleicht auch, weil wir eine verzerrte Wahrnehmung haben, unsere Realität nicht mit der anderer übereinstimmt. Die Aussage „Du machst Dir doch etwas vor …“, hat sicher jeder von uns schon einmal gehört.
Manche Auswüchse von Selbsttäuschung können extrem sein, etwa wenn man andauernd eine Rolle spielt und sein wahres Ich dabei verbirgt. Aber auch in vielen alltäglichen Dingen sind Selbsttäuschungen möglich. Und manchmal helfen sie uns, besser durchs Leben zu kommen.

Wo genau unterliegen wir im Alltag Selbsttäuschungen?
Fangen wir mit der Frage an, ob wir eigentlich glücklich sind.

Bei dieser Frage denkt meine Generation zwangsläufig an die eigenen Väter und Großväter, die den entbehrungsreichen und schrecklichen 2. Weltkrieg erlebt haben. Klar geht es uns insofern gut. Wir leben in einem friedlichen und reichen Industrieland, haben genug zu essen und zu trinken, Gesundheitsvorsorge, Bildung und vieles mehr. Aber ist das Glück?
Ich habe mal ein kluges Zitat gehört. Es ist von jemandem, der auf die Frage, wie lange er in seinem Leben glücklich gewesen sei, geantwortet hatte: „Insgesamt ungefähr drei Stunden."
Abgesehen davon, dass Glück eine Definitionsfrage ist, die unterschiedlich beantwortet werden kann, eine bemerkenswerte Antwort.
Hätten Sie diese Frage mit der Angabe einiger Jahre beantwortet?
Oder gar mit der Aussage, sie seien seit Ihrer Hochzeit immer glücklich gewesen?
Wenn wir schon bei Partnerschaften, Beziehungen oder Eheleuten sind: Wie viele beantworten die Frage nach einer glücklichen Partnerschaft uneingeschränkt mit ja?
Allein dieses Beispiel zeigt, wie schnell wir einer Selbsttäuschung unterliegen können. Dabei mag man mir nachsehen, dass ich ausgerechnet das Beispiel der Partnerschaften als Beleg für eine mögliche Selbsttäuschung gewählt habe.
Aber es gibt natürlich weitere Bereiche, in denen wir Selbsttäuschungen unterworfen sein können.

Nehmen wir die Mülltrennung als einen Teil des täglichen Wahnsinns.
Mit Beginn der 90er-Jahre wurde sie in Deutschland eingeführt. Eigentlich ein Erfolgsmodell, denn die Mehrheit der Bevölkerung hierzulande hält sich daran, nach eigener Aussage zumindest. Müll zu trennen, verschafft das gute Gewissen, sich umweltfreundlich zu verhalten. Gelegentliche Gerüchte, wonach die eine oder andere Recyclingquote nicht so ergiebig ist,

werden verdrängt. Auch eine Art Selbsttäuschung.
Papier zu recyclen schont den Holzbestand. Papierfasern lassen sich wiederverwenden. Soweit gut. Einwegglas ist da etwas problematischer. Das Einschmelzen erfordert einen hohen Energieaufwand. Trotzdem wird daran festgehalten.
Insgesamt also lohnenswert, wenn getrennt und recycled wird. Schaut man auf die Containerstandorte, so entwickeln sich dort allerdings mitunter eigenständige Müllhalden, denn der eine oder andere Mülltrenner trennt sich bei der Gelegenheit auch von nicht wiederverwendbarem (Rest-)Müll, auch wenn der dort eigentlich nicht gesammelt werden soll.

Die Umweltfreundlichkeit hat auch dort Grenzen, wo der Mülltrenner eigenständige Entscheidungen trifft. Es ist schließlich nicht so einfach, wenn eine Wurstverpackung aus Plastik und Papier gleichzeitig besteht. Soll sie nun zum Papier- oder zum Plastikmüll?
Die Lösung: Trenne Papier von Plastik und entsorge beides separat. Geht dies nicht, sollen solche Fälle dem Restmüll zugeordnet werden. So die amtliche Empfehlung. Hier stößt die Umweltfreundlichkeit an Grenzen. Und die Logik bleibt auf der Strecke.
Aber es ist ja wichtig, daran zu glauben, dass es sinnvoll ist, was man tut. Insofern ist die Mülltrennung ein Erfolgsmodell.

Der Gewissensberuhigung dienen auch Erkenntnisse über gesunde Ernährung. Hier hilft die Werbung ungemein. Die Hersteller schreiben auf die Verpackung, was beim Verbraucher gut ankommt. „Vollwertig“ sei das Essen, „fettreduziert“ oder mit gesunden Fetten versehen. Zuckerfrei … juchhu …, aber niemals frei von Zuckerersatzstoffen. Wird schnell überlesen.
Und damit der Verkauf floriert, wird 14 % mehr Inhalt in die Verpackung eingefüllt. Über die gleichzeitig 27%ige Preiserhöhung wird dagegen kein Wort verloren. Der Kunde glaubt an das

gute Geschäft, ist zu faul zum Nachrechnen oder hat es länger schon aufgegeben, sich mit Prozentrechnung zu beschäftigen. Gutgläubigkeit verwischt Bedenken.
Ähnlich verhält es sich mit diversen Lifestyle-Artikeln oder pseudo-gesunden Lebensmitteln. Fruchtjoghurt, der kein Obst enthält, der Burger aus gesundem Fleisch. – Hier Chicken statt Schwein oder Obstsäfte, die eigentlich nicht viel mit Obst zu tun haben … Die Liste der Täuschungen ist ellenlang und vom Verbraucher kaum zu durchschauen. Selbsttäuschung nicht ausgeschlossen.

Ein weiteres Beispiel sind Krankheiten. Sich Krankheiten einzubilden und diesen Status hartnäckig zu vertreten, wird von einigen Zeitgenossen gern praktiziert. Die ärztliche Meinung dazu wird auch nur akzeptiert, wenn sie dem eigenen Vorurteil entspricht. Umgekehrt werden Arztbesuche von manchen mit der Begründung aufgeschoben, es wird schon nicht so schlimm sein. Gesundheit schöngeredet. Die Gefahren für die eigene Gesundheit können bei fortgesetzter Realitätsverweigerung allerdings enorm sein.

Meine eigene Selbsttäuschung geschah zu einer Zeit, als ich als junger Familienvater beim Eigenheimbezug glaubte, die gleichen handwerklichen Eigenleistungen erbringen zu können, wie meine handwerklich und technisch begabten Nachbarn. Überhaupt stellt das Vorhandensein eigener Talente und der Glaube daran einen großen Bereich möglicher Selbsttäuschungen dar. In meinem Fall auch ein Trugschluss. Als Schreibtischtäter war ich nun einmal kein Handwerker. Mich anzuleiten und dann allein werkeln zu lassen, funktionierte zwar, die Ergebnisse unterschieden sich jedoch von denen der Profis und leider auch von denen meiner Nachbarn.

Ganz gefährlich wird es, wenn wir „jünger aussehen“ wollen.

Wer will das nicht? Es ist etwas wert, mal locker 10 bis 20 Jahre jünger geschätzt zu werden. Dafür kann man schon mal auf eine besondere Tages- oder Nachtcreme schwören, die es zwar auch nicht schafft, die Haut zu glätten und Falten verschwinden zu lassen. Aber der Glaube daran ist unumstößlich. Und sei es, dass man sich einredet, es wird schon irgendetwas daran stimmen, wenn der Preis gleichzeitig auch 10-fach höher ist als die Hausmarke. Sonst gäbe es das Produkt ja nicht.

Was hilft gegen Selbsttäuschungen?
Ganz einfach: der gute Freund oder die gute Freundin. Sie sind keine „Ja-Sager", die uns Honig um das Maul schmieren, um uns zu schmeicheln. Sie klären uns auf, wie wir tatsächlich sind. Das dürfen sie und das sollen sie auch. Ihnen zu vertrauen, kann der Ausweg aus der Selbsttäuschung sein.
Eine besondere Form der öffentlichen Täuschungen stellen „Fake News" dar. Eine neue Form der Meinungsmanipulation, die sich hartnäckig über wissenschaftliche Erkenntnisse hinweggesetzt, und die in aller Munde ist. Zunächst wurde das belächelt, später dann aber die Gefahr erkannt. Es glauben viele daran. Alternative Fakten als ein Protest derer, denen die Wahrheit nicht passt. Gab es schon früher. Nur heute ist es krasser, aggressiver und dient als Begründung für weitreichende Entscheidungen. Und vor allem: Dank Social Media werden sie manipulativ in die Welt gesetzt und können überall ankommen und Schaden anrichten.
Wie schön, dass Ruheständler sich damit nicht beschäftigen müssen. Schließlich haben sie ohnehin zu wenig Zeit.
Seit sie im Ruhestand sind, fehlt die Zeit. Wird immer wieder behauptet. Auch diese Aussage lässt sich durchaus auf ihren Wahrheitsgehalt überprüfen. Schließlich hat der Tag 24 Stunden. Genau nachgefragt, wie die verbracht worden sind, entlarvt so manche Mär von der fehlenden Zeit.
Manches geht aber nun einmal langsamer, wenn mal älter wird.

Denken, lernen, tägliche Verrichtungen, dazu mehr Arztbesuche, gehen und fahren dauert länger. All dies erklärt manche Stunde, die dann „einfach weg“ ist. Auf eine gewisse Substanz hin abgeklopft, fehlt Zeit nicht wirklich. Sie wird nur anders verbracht. Per Saldo sind doch zunächst 8 Stunden plus Fahrzeit der tägliche Zeitgewinn, wenn die Hauptbeschäftigung nicht mehr da ist. Daraus zu konstruieren, es sei keine Zeit da, ist hartnäckige Selbsttäuschung.

Das bittere Fazit: Wir unterliegen häufiger der Selbsttäuschung, als wir es annehmen.

Gespräche am Gartenzaun zwischen Frauen

Wenn Frauen sich als Nachbarinnen am Gartenzaun begegnen, ist das selten rein zufällig. Frauen gehen nicht zufällig raus. Wenn sie sich am Gartenzaun treffen, dann ist das gewollt. Da man sich gegenseitig belauert, ist ein Treffen immer dann möglich, wenn eine von ihnen bereits den Garten betreten hat. Dabei kann es durchaus sein, dass sie nur deshalb im Garten ist, weil sie darauf hofft, dass ihre Nachbarin das wahrnimmt und dazukommt. Kommunikation als Angebot.
Im umgekehrten Fall, wenn die Frauen also Kontakt vermeiden wollen, vergewissern sie sich vor Betreten des Gartens, dass die Nachbarin nicht in der Nähe ist. Erst dann gehen sie raus.
Die Kontaktaufnahme zwischen den Frauen ist strategisch geplant und durchgeführt, wenn beide es wollen.

Treffen Sie sich am Gartenzaun, so führen sie ein Gespräch auf verschiedenen Ebenen. Alles sorgfältig geplant. Dabei reden sie anfangs buchstäblich um den heißen Brei herum, bevor sie zum eigentlichen Gesprächsmotiv kommen. Eine wichtige Botschaft will schließlich gut vorbereitet sein.

Beispielhaft etwa so:

Nachbarin 1: (gibt sich ob des Zusammentreffens vollkommen überrascht, obwohl sie es nicht ist, weil sie ja Nachbarin 2 in den Garten kommen gesehen hat) „Ach … hallo … grüß Dich!“
Nachbarin 2: (tut ebenfalls so, als wäre das Zusammentreffen rein zufällig und erwidert den Gruß ähnlich überschwänglich und mit gespielter Freude) „Oh … Du bist das … hey, wie geht`s?“

Nach der leicht übertrieben freundlichen Begrüßungsphase folgt die zweite Gesprächsebene. Beide haben etwas im Sinn, kommen damit aber nicht sofort raus. Stattdessen wird ein Brückenthema bemüht. Der einzige Zweck besteht darin, den Dialog in Gang zu bringen und dabei mögliche Hürden auszuloten. Das Gespräch bleibt zunächst entsprechend oberflächlich.

Nachbarin 1: „Hoffentlich hält sich das Wetter.“
Nachbarin 2: „Ach ja … wir hatten ja schon ein paar schöne Tage.“
Nachbarin 1: „Geht es Deiner Tochter wieder besser?“
Direkt nach der Frage dreht sich Nachbarin 1 um und geht ein paar Schritte weg und zupft an einem Strauch, ohne die Antwort abzuwarten. Das Interesse an der Antwort ist gering.
Nachbarin 2: „Na ja, sie hat seit gestern wieder normal gegessen …“
Auch Nachbarin 2 kümmert sich jetzt nicht darum, ob ihre Antwort den Empfänger erreicht, sondern zieht Wildkräuter aus dem Boden. Das Thema gefällt ihr nicht, sie bleibt aber höflich.

Nun aber wenden sich beide wieder einander zu. Es folgt die dritte Gesprächsebene: Fragen zur Befriedigung von Neugier. Und da ist das Interesse sehr groß.
Beide fixieren sich dabei und achten auch auf Mimik und Gestik

der jeweils anderen.

Nachbarin 2: „Und bei euch? Ist der Rollladen repariert?"
Auch diese Frage interessiert die Fragestellerin eigentlich nur am Rande. Lediglich die Erkenntnis, ob die Nachbarn sich um ihr Haus kümmern oder nicht, hat einen gewissen Informationswert für sie. Aber Nachbarin 1 kann die Frage auch nicht beantworten, weil sie außerhalb ihres häuslichen Zuständigkeitsbereichs liegt.

Nachbarin 1: „Du, da muss ich mal meinen Mann fragen. Ich bin ja selten im Obergeschoss …"

Beide Gesprächspartnerinnen haben sich nun gewissermaßen warmgequatscht und nähern sich den eigentlichen Zielen der Unterhaltung, nämlich dem Austausch von Meinungen über die Verhaltensweisen Dritter und das Abklären von Gerüchten, die sie nicht mehr zur Ruhe kommen lassen.

Nachbarin 1: „Hast Du mal den Garten von Nr. 17 gesehen? Also das ist doch unverantwortlich!"
Nachbarin 2: „Und die Kinder von denen haben jeden Tag dasselbe an."
Nachbarin 1: „Jaja … Du, irgendetwas wollte ich doch von Dir …"
Nachbarin 2: „Warte mal, ich muss mal schauen, was mein Mann macht. Der steht mir den ganzen Tag nur im Weg …"
Nachbarin 1: (unterbricht) „Das kenne ich …!"
Nachbarin 2: „Ich sage, setz Dich doch mal hin. Aber dann macht er eine Flasche Bier auf und dabei bleibt es nicht."
Nachbarin 1: „Das habe ich meinem Mann ausgetrieben. Seit er etwas mit dem Magen hat, darf er sowieso kein Bier mehr trinken, sagt der Arzt. Dafür hat er ihm aber … so Kräuter verschrieben …, sagt mein Mann. Underberg heißen die, glaube ich …

Die muss er vor und nach jeder Mahlzeit einnehmen …
Nachbarin 2: (unterbricht ihre Gesprächspartnerin und bemüht sich, selbst wieder das Thema zu bestimmen bzw. zu Wort zu kommen.)
„Mein Mann hat ja …"
Nachbarin 1: (unterbricht sofort)
„… und wenn es ihm ganz schlecht geht, isst er abends extra zweimal, um die Kräuter doppelt einzunehmen.
Jetzt weiß ich gar nicht mehr, was ich Dich eigentlich fragen wollte."
Nachbarin 2: „Ach, wir sehen uns ja heute bestimmt noch."
Beide Nachbarinnen haben ihre Botschaften ausgesendet, zusätzliche Informationen gewonnen und Gerüchte über weitere Anwohner ausgetauscht. Nicht schlecht für den Anfang. Der Hinweis von Nachbarin 2, man sehe sich ja heute bestimmt noch, deutet auf eine gewollte Fortsetzung der Unterhaltung hin. Vorausgesetzt, eine von beiden macht den Anfang und geht wieder zum Gartenzaun.

Gespräche am Gartenzaun zwischen Männern

Der deutsche Ruheständler ist mit sich selbst im reinen. Haus und Hof sind bestellt. Das Leben verläuft in geordneten Bahnen. Er kann sich sein Leben leisten und genießt es. Für den nötigen Ausgleich sorgen verschiedene Tätigkeiten und Hobbys, denen er mit Freude nachgeht.
Er hat wenig Zeit – welcher Rentner hat schon Zeit?! Wie war es damals nur möglich, bei all den wichtigen Dingen, die er bereits damals nebenbei zu erledigen hatte, noch einem Hauptberuf nachzugehen?
Aber das kann er nun gelassen sehen.
Der morgendliche Gang in den Garten gehört zu den feststehenden Ritualen. Auch wenn es noch sehr früh ist. Das

Schlafbedürfnis älterer Leute wird ohnehin überschätzt.
Er schaut sich den Sonnenaufgang an, beobachtet die zwitschernden Vögel und schaut auf sein Resthaar, das der Wind vom schräg über den Kopf gekämmten Scheitel freigelegt hat. Ungeordnet baumelt es im Luftstrom. Keine Augenweide.
Fachmännisch misst er das Wachstum seiner Bäume und Sträucher nach, um festzustellen, wie sie sich seit gestern entwickelt haben.
Die Werte trägt er in eine Kladde ein. Deutsche Bürokratie in Perfektion.
Später wird er noch das prozentuale Wachstum bestimmen. Eine Fähigkeit, um die ihn seine Stammtischbrüder beneiden. Nicht jeder ist eben ein ausgewiesener Gartenfachmann.

Er nimmt sich morgens die Zeit und lässt den Blick über sein Grundstück schweifen. Wie ein Feldherr, der stolz seine Armeen mustert.
Hin und wieder – so auch heute – tritt sein Nachbar an den gemeinsamen Gartenzaun. Es ist etwa 8:30 Uhr am Morgen.
Die Begegnung kann zufällig, sie kann aber auch gewollt sein. Schließlich ist die Beobachtung der Nachbarschaft eine der Tätigkeiten, die rund um die Uhr wahrgenommen werden.
Wie dann ein Dialog typischerweise ablaufen kann, habe ich in dem folgenden Beispiel nachgestellt. Nennen wir die beiden zur Vereinfachung „Nachbar 1“ und „Nachbar 2“.

Nachbar 1: (Zeigt sich überrascht ob der Begegnung. Er weiß ja nicht, dass Nachbar 2 ihn beobachtet hat und zum Gartenzaun ging, als er ihn im Garten gesehen hatte.) „Oh … Guten Morgen! Du bist ja schon früh auf …“
Nachbar 2: (gibt sich betont weltmännisch und setzt ein wichtiges Gesicht auf). „Jaaa … die Pflicht ruft …
Nachbar 1: „Ach ja …?“ (reckt sich und wirkt dabei etwas verkatert, misst der Aussage seines Gegenüber jedoch keine größere

Bedeutung bei). „Hast Du schon die Winterreifen drauf …? Flasche Bier?“
Nachbar 2: (dreht sich kurz verunsichert zum Terrasseneingang um und ringt um Worte) „Nee …, ich habe gerade gedüngt und …“
Bevor der Satz beendet werden konnte, machte es zwei Mal „plopp“ und aus dem Gartenhäuschen fanden zwei geöffnete Flaschen Bier ihren Weg zum Endabnehmer.
Nachbar 1: (deutet so etwas wie ein Zuprosten an und nimmt ein paar gierige Schlucke. Anschließend atmet er tief durch und setzt eine zufriedene Miene auf) „Ich habe gestern die Reifen aufgezogen, weil das Wetter … man weiß ja nicht, wie es wird …“
Nachbar 2: „Vom Wetter her war es genau richtig zum Düngen. Meine Frau meinte … (Er brachte den Satz nicht zu Ende, weil er sofort unterbrochen wurde.)
Nachbar 1: „Hör mir auf mit den Frauen. Ich wollte noch gar nicht die Reifen wechseln. Das Wetter ist noch gar nicht nach Winter. Aber für Gartenarbeit auch nicht mehr gut.“
Nachbar 2: „Ich hab` schon.“
Nachbar 1: „Wie … was?“
Nachbar 2: „Na, den Rasen gewechselt …, äh … gedüngt.“
Nachbar 1: „Sag` das doch gleich. Komplizierte Leute am Morgen … (schüttelt den Kopf und grinst vielsagend). Komm … Prost – ata …! Willste noch eine?“
Nachbar 2: „Hmmm…. ich könnte ja jetzt die Reifen wechseln.“
Nachbar 1: „Wieso?“
Nachbar 2: „Na ja … bei dem Wetter. Okay, aber nur noch eine … Dann kann ich noch ins Reifencenter.“
Nachbar 1: „Den Rasendünger hättest Du da auch billiger bekommen. Sehen wir uns heute Nachmittag noch?“
Nachbar 2: (setzt ein leicht gequältes Gesicht auf) „Nee, ich hab` zu tun. (Und nach einer kurzen Pause:) Dann lass uns lieber jetzt noch ein Pülleken trinken. Wie spät ist es eigentlich?“
Nachbar 1: (setzt eine gespielt ernste Miene auf) „Grundregel

Nr. 1 – beim Biertrinken wird nicht auf die Uhr geschaut. Weißt Du doch."
Nachbar 2: „… jaja, komm …!"

Als nach etwa gut 2 Stunden eine der Ehefrauen nach ihrem Mann Ausschau hält, findet sie beide bequem am Gartenhäuschen sitzen und Bier trinken. Vor ihnen liegt ein halbleerer Kasten Bier und eine Packung Rasendünger.
Ob nun beide schlauer geworden sind, was das Wechseln der Sommerreifen und das Rasendüngen angeht, ist nicht eindeutig auszumachen. Später werden beide unabhängig voneinander behaupten, der Vormittag habe sich gelohnt, weil wichtige Themen zu besprechen waren.

Senioren auf dem Amt

Mit behördlichen Formalitäten tut sich der Normalbürger schwer. Dies gilt umso mehr für die etwas älteren Zeitgenossen unter uns. Vor allem, wenn sie seit längerer Zeit keinen Behördenkontakt hatten und die Entwicklung und Modernisierung der öffentlichen Verwaltung an ihnen schlicht vorbeigegangen ist. Das folgende Beispiel ist ein Beleg für die Vorbildfunktion in Sachen Bürgerservice, die von einer modernen öffentlichen Verwaltung ausstrahlt.

Ein Beamter (B) sitzt in seinem Büro. Der ältere Mitbürger (A) tritt ein.

B: „Schönen guten Morgen. Was kann ich für Sie tun?"

A: „Wissen Sie … ich war ja lange nicht mehr hier. Glaube es war … (längere Pause) … 18...äh, äh … 1979. Ja, genau …
Hat sich was verändert?"

B: (leicht unwirsch) „Was kann ich denn für Sie tun?“

A: „Ich möchte mein neues Auto anmelden.“

B: (verbessert) „Sie meinen, Sie wollen es zulassen.“

A: „Wie …? Ach so … ich möchte zulassen, dass Sie es anmelden … oder wie …?“ (Schaut etwas irritiert)
„Ich brauche einen Stempel … wie heißt das … eine TÜV-Plakette …“

B: „Was Sie meinen, ist eine *Prüf*plakette.“

A: „Nein, nein … ohne Prüfung. Der Wagen ist doch neu. Muss nicht geprüft werden.“

B: (leicht ungeduldig) „Zeigen Sie mir doch mal Ihre Papiere.“

A: „… aber die bekomme ich doch von Ihnen, oder …?“

B: „Sie meinen die Fahrzeugpapiere. Ja, anschließend bekommen Sie die von mir. So weit sind wir aber noch nicht. Was haben Sie denn da mitgebracht? Also außer dem Antrag.“

A: „Ach so. (Macht eine Pause) Na ja … ich war gerade bei meiner Schwägerin. Die hatte doch fürs Wochenende Rouladen eingelegt. Sollte ich eigentlich nicht weitersagen. Das macht sie dann immer für uns alle. Bis auf den Robert, der kann ja nicht …“ (wird unterbrochen)

B: „Entschuldigung. Haben Sie denn Ihren Ausweis dabei?“
A: „Ach so … ja … bitteschön.“ (Reicht den Personalausweis über den Tresen).

B: (nachdenklich) „Sie haben in Ihrem Antrag als Vornamen >>Sepp<< eingetragen. Laut Ausweis heißen Sie aber >>Josef<<

A: (schüttelt den Kopf) „Nein, nein … Sepp, einfach Sepp … Ich heiße schon immer Sepp.“

B: „Also in Ihrem Ausweis steht Josef!“

A: „Zeigen Sie mal … das ist mir noch gar nicht aufgefallen. Da muss sich einer geirrt haben. Ich heiße doch Sepp.“

B: (hebt den Finger zur Bekräftigung) „Halt … halt! Also wenn das hier steht, ist das nun einmal ein Beleg dafür, dass Sie Josef heißen.“

In diesem Augenblick erscheint C, eine Bekannte von A, im Büro. Freudig geht sie auf A zu.

C: „Tach Sepp. Wie gehts?“

A: (zu B gewandt) „Sehen Sie …! Also die Carla hier, die weiß das doch auch, dass ich der Sepp bin.“

B: „Aber Ihr Ausweis ist auch gar nicht mehr gültig, wie ich gerade sehe. Der ist bereits vor fünf Jahren abgelaufen. Also da brauche ich mindestens eine Meldebescheinigung. Die bekommen Sie im Nebengebäude beim Meldeamt. Zimmer 3 ist Ihr Buchstabe.
Sie können da gleich hingehen. Und wenn die Ihnen da den Sepp reinschreiben, dann ist mir das auch egal.“
Nachdem der nun sichtlich verunsicherte Josef sich kurz gesammelt hat, begibt er sich in das Meldeamt und steht vor dem Zimmer 3, das seinen Buchstaben trägt. An der Tür ist jedoch ein

Schild angebracht, auf dem steht: „Bitte im Sockelgeschoss, Zimmer 6 melden.“

Josef geht also weiter und fährt direkt mit dem Fahrstuhl in den Keller, auch Sockelgeschoss genannt. Dort klopft er an die Tür von Zimmer 6. – Keine Antwort. Auch nach wiederholtem Klopfen nicht. Josef drückt die Klinke herunter. Die Tür ist verschlossen. Ein Hinweis auf Abwesenheit fehlt. Von weiter her hört er verschiedene Stimmen durcheinanderreden.
Nach kurzem Überlegen geht Josef eine Tür weiter. Sie trägt keine Nummer. Josef drückt die Klinke. Die Tür geht auf und er steht direkt im Fahrradkeller.
Es ist niemand da, den er fragen kann.

Zurück auf dem Gang geht Josef nun in die andere Richtung und steht vor dem Zimmer 4, auf dem sich auch kein Hinweisschild befindet. Josef hört jedoch Stimmen aus dem Raum, die durcheinanderreden.
Behutsam drückt er die Klinke herunter und macht einen Schritt in den Raum. Eine Gruppe von Menschen steht dort vor einem kleinen Büfett. Sie haben alle ein halbes belegtes Brötchen in der einen Hand und eine Flasche Bier in der anderen. Offensichtlich findet hier eine Feier statt.
Das Gespräch verstummt, als sie Josef bemerken. Dieser macht einen gequälten Gesichtsausdruck. Daraufhin brechen sie in lautes Gelächter aus und reden unverständlich durcheinander.
Josef schaut sich entgeistert um. Eine Dame fragt schließlich: „Wen suchen Sie denn?“
„Ich brauche eine Bescheinigung …“, antwortet Josef.
„Was denn für eine Bescheinigung?“
„Ähm … ja, … also dass ich noch lebe … Eine Lebensbescheinigung … heißt die doch, oder …?“
„Lebensbescheinigung? So etwas gibt es gar nicht. Aber Sie kommen sowieso leider zu spät für heute. Wir haben seit 6

Minuten geschlossen."

Frustriert verlässt Josef unter erneutem Gelächter der Anwesenden das Zimmer und begibt sich über den Fahrstuhl nach oben zum Ausgang des Nebengebäudes. Als er die Tür öffnen will, ist diese verschlossen. Darunter hängt ein Schild mit den Öffnungszeiten und eine Telefonnummer für dringende Fälle. Josef bleibt auf dem Gang und wartet.
Etwa eine Stunde später wird er von einigen Gästen der Feierlichkeit bemerkt und hinausbegleitet.
Auf Josefs Frage, wo er denn nun seine neuen Fahrzeugpapiere bekommen könne, antwortet ihm einer der Mitarbeiter, da sei er hier ganz falsch. Am kommenden Montag müsse er ins Straßenverkehrsamt. Als Josef ihm antwortet, dass er dort gewesen sei, entgegnet der Mitarbeiter, er müsse da etwas falsch verstanden haben …

Sturmfreie Bude

Ich weiß noch, wie ich als Jugendlicher öfter von einer sturmfreien Bude geträumt habe. Eine Redewendung, die für Freiheit, Selbstverwirklichung, hemmungslose Entfaltungsmöglichkeit und wilde Partys stand. Wenn jemand aus meinem Freundeskreis eine sturmfreie Bude ankündigte, so war dies als eine Einladung zu verstehen, ihn zu besuchen. Und man war sich sicher, dass nichts sicher war.
In seiner ursprünglichen Bedeutung stand der Begriff „sturmfrei" für Befestigungen, die nicht erstürmt werden können. Eine sturmfreie Bude war in der Militärsprache uneinnehmbar.
Gemeint ist heute eigentlich die entgegengesetzte Erwartung, nämlich dass Besuch … von Freunden … gern gesehen ist, weil die Eltern oder andere „störende Faktoren" außer Haus sind.

Auch im Alter gibt es den Wunsch nach einer sturmfreien Bude, wenngleich sich dafür die Motivation leicht verändert hat. Statt wilden Partys vielleicht ein stärkeres Ruhebedürfnis. Vielleicht auch dem Streben nach Ausübung bestimmter Hobbys geschuldet, bei denen man nicht gestört werden möchte. Oder aber die Suche nach Abwechslung im Alltag, wenn das alltägliche Aufstehen, Duschen, Frühstücken, Zeitung lesen … Fernsehen … irgendwann mal zu langweilig geworden ist.
So stellt sich die Frage, wie kann man denn dem Partner ohne ihn zu irritieren oder auf dem falschen Fuß zu erwischen, verdeutlichen, dass man auch von ihm/ihr mal eine Auszeit gebrauchen könnte. Nicht so leicht … Missverständnisse drohen. Er/Sie könnte das persönlich nehmen, was es eigentlich auch ist, aber nicht so aussehen darf.

Partner, die schon einmal getrennt voneinander in den Urlaub gefahren sind, kennen das befreiende Gefühl, mal nicht ständig umsorgt oder kontrolliert zu sein.
Nachher ist dann die Wiedersehensfreude ungleich größer. Man ist ja in einer solchen Auszeit schließlich nicht nur vom Zubettgehen bis zum nächsten Morgen für sich gewesen, sondern einige Tage oder gar Wochen.

Ich war selbst schon öfter allein unterwegs. In erster Linie beruflich. Ich übernachtete zu diesem Zweck in Hotels anderer Städte. Sofern dies beruflich geschah, war es überwiegend langweilig in meiner Freizeit. Lange vorbei sind die Zeiten, als man noch mit Kollegen auf Reisen eine Sause veranstaltet hatte. Aber schön war es. Nun denn …

Mal allein zu Hause zu sein, wäre der Reiz. Ich und mein Reich. Die sturmfreie Bude. Alleinige Kontrolle. Das wäre doch mal was. Auch wenn es nur um die Erfahrung geht, dass nicht alles geht, wenn ich es allein machen muss. Schließlich habe ich mich

an ein Leben in Arbeitsteilung gewöhnt. Meine Zuständigkeitsbereiche beherrsche ich. Die meiner Partnerin eher weniger. Aber das kann nicht so wild sein.
Und schließlich: Wie viele Jahre bleiben noch, in denen wir das Leben ohne große Einschränkungen genießen können? Also gilt es, keine Zeit zu verlieren.

Glückliche Umstände halfen mir und meiner Idee weiter. Das Treffen nach langer Zeit mit alten Arbeitskolleginnen brachte bei den Frauen die Idee hervor, man könnte doch mal einen Frauenurlaub machen. Einige Tage nur im Frauenteam irgendwo, „wo es schön ist“, abzuhängen und die Seele baumeln zu lassen. Ausgiebiges Shoppen inklusive. Ganz meine Meinung. Und ohne dass ich etwas gesagt hatte. Jedoch nicht ohne Hintergedanken bei mir.

Erst schien es eine fixe Idee zu sein, die nicht zu realisieren war. Bis eine von ihnen die Frage aufwarf, warum man es eigentlich nicht machen sollte. Darin waren sich die Frauen einig. Also ging es nur noch um das „Wie“ und nicht mehr um das „Ob“. Man könne doch im Vorfeld alles so weit regeln, dass keine Probleme auftreten können. Aber sicher doch … Mein zustimmendes Nicken bekamen sie nach jedem ihrer Sätze. Das ging doch endlich in die richtige Richtung.
Je mehr Sekt jetzt floss, desto konkreter wurden die Pläne. Nach der vierten Flasche war das Vorhaben unter Dach und Fach. Damit konnte auch ich nun planen.

Um zu vermeiden, dass wir über alle Unwägbarkeiten der Haushaltsführung sprechen müssen, was mir zuwider gewesen wäre, bat ich darum, die wichtigsten Punkte kurz auf einem Stück Papier festzuhalten. Damit könnte ich dann umgehen und ggf. notwendige Dinge abarbeiten, bot ich an. Ich hätte somit eine Gedankenstütze. Wichtig für mich, weil Hausarbeit in unserer

Arbeitsteilung eher weniger bei mir liegt.
Nicht ansatzweise war mir klar, was ich damit auslöste.
Am Tag der Abreise meiner Gattin fand ich in jedem Zimmer einen beidseitig beschriebenes
Din-A-4-Blatt, komplett vollgeschrieben mit diversen Verweisen von der Rückseite zur Vorderseite und – was noch viel schlimmer war – auf die in den anderen Zimmer befindlichen Blätter. Um eines der Zimmer „korrekt“ zu bearbeiten, musste per Verweis ein Blick auf bestimmte Punkte in den Blättern der anderen Räume geworfen werden. Einen Moment lang zweifelte ich, ob meine Idee des Frauenurlaubs eine gute gewesen war. So ganz wohl war mir nicht mehr. Auf meine leise Kritik, ihr sei doch klar, dass ich das nicht so wie sie hinbekäme, kam die Erwiderung, es handele sich nur um die wichtigsten Punkte. Und dies sei nicht zu viel verlangt.
O weh … worauf hatte ich mich eingelassen!
In der Frage, wie eine Wohnung zu säubern, zu dekorieren und einzurichten ist, gibt es zwischen den Geschlechtern offenbar unüberbrückbare Differenzen.

Natürlich blieb mir nichts anderes übrig, als die vollständige Übernahme der auferlegten Verpflichtungen an Eides statt zu versichern, um nicht das gesamte Vorhaben noch kurz vor dessen Beginn zu gefährden. Die Gefahr bestand durchaus. Also zeigte ich Einsicht und Verständnis, auch wenn es schwerfiel. Dabei dachte ich insgeheim, irgendwie komme ich da schon durch. In diesem Augenblick nahm ich mir vor, einige Zimmer in unserem Haus erst gar nicht zu betreten, damit ich nicht in die Gefahr laufe, dort irgendetwas auch nur minimal zu verändern oder gar zu verunreinigen. Unbetretene Räume müssten schließlich nicht gereinigt werden, so meine Kalkulation.
Denn eins war klar: So wie gewünscht, bekäme ich das nie hin. Und selbst das versehentliche minimale Verschieben einer Dekorationskerze oder Blumenvase würde auffallen. Also Finger

weg davon, schwor ich mir.

Der Tag der Abreise.
Leichte Bedenken kamen auf. Gefühlte 100-mal durfte ich mir noch anhören, wie unwohl sie sich fühlte, mich mit ihrem Haushalt allein zu lassen und ob dies überhaupt eine gute Idee gewesen sei. Ich hielt mit der gleichen Anzahl von Versprechen dagegen, es sei doch alles geregelt und ich käme schon zurecht.
Dann fuhr das Auto ihrer Freundin vor und die Frauen begrüßten sich überschwänglich. Diese Begrüßung hatte etwas von Straßenkarneval. Auch in der Phonstärke.
Mit einem kurzen „Also, dann … viel Spaß und gute Erholung …!“ verabschiedete ich mich an der Haustür schnellstmöglich, um nicht von der Nachbarschaft gesehen zu werden, während die Frauen dort so etwas wie den Ententanz aufführten. Bei diesem Ritual gehörte ich nicht dazu und wollte deshalb auch nicht von anderen dabei gesehen werden. Wäre mir peinlich gewesen.

Kaum war ich wieder im Haus und die Damenriege noch nicht einmal abgefahren, klingelte das Telefon. Eine unterdrückte Rufnummer. Hastig meldete ich mich nur mit einem kurzen „Ja …“. Es war der erste Kontrollanruf eines eingeweihten Freundes. Ob denn die Luft schon rein sei, wollte er wissen. Ich bestätigte es ihm mit einem knappen „jupp“ und wir mussten beide lachen …

Währenddessen stand noch immer der Wagen auf der Einfahrt. Natürlich lief auch der Motor weiter. Durch das geschlossene Fenster im Haus beobachtete ich Gespräche zwischen den Frauen, die sich offenbar um ihr Outfit drehten. Sie zupften an ihrer Kleidung und begutachteten sie mit fachgerechtem Blick. Es fiel mir auf, dass immer alle vier gleichzeitig redeten und keiner einer anderen zuhörte.
Unablässig tauschten sie ihre Sätze aus und musterten sich

gegenseitig wertschätzend. Wann fahren sie denn nun, schoss es mir durch den Kopf. Dann … ein Rückschlag:
Statt den Koffer meiner Frau endlich einzupacken, wurden zunächst die Koffer der anderen Frauen wieder ausgepackt. Und der Motor lief immer noch. Offenbar passte nicht alles in den Kofferraum. Zumindest nicht so, wie anfangs gepackt wurde.
Ach Du meine Güte! Lieber Gott, lass es schnell vorbei sein, dachte ich insgeheim.
Dann endlich … nach einer gefühlten Ewigkeit waren alle Koffer neu verstaut und endlich fuhren sie ab. Der Kofferraum ihres Fahrzeugs war allerdings nicht richtig geschlossen. Er bewegte sich im Fahrtwind leicht auf und ab, was mir beim Hinterherschauen sofort auffiel. Ein untrügliches Indiz dafür, dass sie immer noch falsch beladen hatten.
Deshalb endete die Fahrt einstweilen an der nächsten Ecke, wie ich durch mein Fenster noch sehen konnte.
Zum Glück waren sie in der Lage, das Problem nun endlich zu lösen und bogen kurz darauf um die Kurve. Nun waren sie also weg.

Manchmal gibt es so etwas wie einen sechsten Sinn. Den musste ich wohl gehabt haben, als mir durch den Kopf ging, wann wohl der erste Anruf kommen würde, weil sie ja bestimmt etwas vergessen hatten. Und tatsächlich. Es dauerte keine fünf Minuten. Nacheinander überprüfte ich auf entsprechende Fragen, ob der Kühlschrank richtig verschlossen war, die eilig angeworfene Waschmaschine noch lief und Blumen auf den Fensterbänken Wasser zu bekommen hatten.
Mit der eindringlichen Forderung „Nun kommt doch mal runter und erst mal am Urlaubsort an“ gelang es mir schließlich, alle weiteren Fragen um die stressigen Abreiseformalitäten endlich zu beenden.

Kaum hatte ich mich gesammelt, hupte es zwei Mal vor meiner

Einfahrt. Georg war vorgefahren. Er hatte die Getränke für den heimlich im Vorfeld organisierten Männerabend besorgt und brachte sie schon mal vorbei. Natürlich sollte das vorher niemand erfahren, würde es doch bei uns stattfinden. Er kam nicht zu früh.
Das Timing hatte schon mal gestimmt.
Sein Auto war randvoll mit diversen härteren Spirituosen sowie einigem an Wein und Bier. Auf meinen Hinweis, dass wir doch nur zu viert seien und die mitgebrachte Menge für mindestens 30 Leute reichen würde, erwiderte er, ein bisschen Auswahl müsse schon sein.

*****

Traditionell begingen wir am gleichen Tag unseren Männerabend. Unter uns. Vier Männer ohne Skrupel. Etwas albern. Bereit für ein „open end“. Trinkfreudig und vor allem schön laut. Sehr laut. Georg kam mit der Idee, endlich mal wieder ein Kleiderpokern zu veranstalten. Dabei floss reichlich Alkohol. Zum Rauchen schickte ich die Jungs in den Garten, was im Hinblick auf die noch Wochen später vorgefundenen Zigarettenkippen im Nachhinein allerdings nicht die allerbeste Idee gewesen war.
Aber wären sie mal im Garten geblieben. Einer von ihnen meinte nach Eintritt der Dunkelheit, im Garten sei es jetzt zu kalt und zu schlecht beleuchtet. Ob sie nicht im Keller rauchen könnten. Ich erinnere mich nicht, aber später hieß es, ich hätte dem zugestimmt und dabei bemerkt, sie könnten ja die Kellertür offen lassen, damit der Rauch abzog. Gesagt – getan. Die Tür stand noch am nächsten Tag offen. „Du hast nicht gesagt, wir sollen sie wieder zumachen“, erwiderte Georg einige Tage später auf meine entsprechenden Vorhaltungen. Der Rauch war zumindest gut verzogen. Am nächsten Tag war davon jedenfalls nichts mehr zu bemerken.
So feierten wir uns ausgiebig und die Tatsache, dabei komplett

ungestört zu sein. Natürlich wurde es später als geplant und nicht alles war mehr in Erinnerung, was im Nachhinein die eine oder andere Überraschung zutage förderte.

Trotz meiner Bemühungen um eine gewisse Seriosität in der Durchführung der Party hatte ich am nächsten Tag nach dem Aufstehen noch einige Spuren zu beseitigen. Mein erster Gang führte mich zu meinem Kleiderschrank. Dort bemerkte ich eine Pfütze mit einer undefinierbaren Flüssigkeit, die ich wegen ihres strengen Geruchs relativ schnell entdeckte, aber lieber nicht näher untersuchte und sofort beseitigte. Auch die Socken im Kühlschrank waren mir bei der Vorbereitung des Frühstücks recht schnell aufgefallen. Dass aus der Waschmaschinentrommel vom Waschgang des Vortags außer der Wäsche allerdings der gegen Ende des Abends schmerzlich vermisste Ouzo hervorkam, konnte ich mir beim besten Willen nicht erklären.
Okay, aber waschen wollte ich eh nicht. Mir war die Bedienung der Waschmaschine nie gezeigt worden. Allerdings hatte ich auch kein Interesse daran, zu schauen, wie sie funktioniert. Trotzdem tat ich regelmäßig so, als müsste ich dafür keine Einweisung bekommen. Gleiches galt für den neuen Kaffeeautomaten. Kann doch nicht noch so schwer sein, nahm ich an. Jedoch sind auch die Kaffeeautomaten der unteren Preiskategorien inzwischen recht ver-computer-isiert und nicht auf Anhieb verständlich. Also galt das Prinzip „Versuch und Irrtum."
Eigentlich war mir nur der Einschaltknopf verständlich. Also betätigte ich ihn. Nach dem Einschalten floss sofort eine dünne braune Brühe aus den Öffnungen. Dazu ertönte ein Klang, als ob der Motor eines Pkw angelassen wurde, dessen Auspuff defekt war. Wie nun Kaffee gebrüht wird, erkannte ich nicht. Üblicherweise steht der fertig bereit, wenn ich an den Frühstückstisch komme.
Nach diversen Fehlversuchen entschied ich mich für heißes Wasser und zermörserte einige Kaffeebohnen. Kaffee einmal

anders. Das wiederum schmeckte aber überhaupt nicht. Ich musste es ungenutzt entsorgen. Kaffee hatte sich erledigt.
Was mir blieb, war der Umstieg auf Tee. Die sicher geglaubte Teedose griff ich ohne meine Brille aufgesetzt zu haben – und erwischte dabei die ähnlich aussehende Dose mit der Rinderkraftbrühe. Der erste Schluck war ein Schock. Nachdem der Fehler auch erst nach Fertigstellung des Produkts auffiel, verzichtete ich schließlich genervt auf jegliche Art eines Heißgetränks am Morgen. Der gestrige Abend hatte einige Spuren hinterlassen.

Für den folgenden Tag galt es, ähnlichen Stress zu vermeiden. Ehrlich gesagt hatte ich mir das alles einfacher vorgestellt. Um zu einer Entlastung zu kommen, verzichtete ich auf die sonst übliche tägliche Reinigung des Hauses und nahm mir vor, erst am Tag der Rückreise meiner Frau eine Art Grundreinigung durchzuführen. Das würde doch auch reichen. Zwischendurch bekäme niemand mehr das Haus zu sehen.

Um außerdem auf das Kochen zu verzichten, musste ich mir etwas einfallen lassen. Natürlich hätte ich kochen können, aber als ich zuletzt die Garzeit von Eiern und Nudeln verwechselte und dadurch die Nudeln 5 Minuten und die Eier 15 Minuten kochten, war ich erst einmal geheilt. Mir wurde schlagartig klar, was ich im Haushalt alles nicht beherrschte.
Also was waren die Alternativen? Immer nur essen gehen oder den Lieferservice bestellen, geht ganz schön ins Geld.
Stattdessen kam mir eine Idee. So befasste ich mich nach längerer Zeit erstmalig wieder mit der Frage, wer in der Nachbarschaft zuletzt Geburtstag hatte. Normalerweise mied ich diese Kontakte. Um an etwas Essbares zu kommen, war aber Kreativität gefragt. Mein Plan war daher, per Überraschungsbesuch um die Mittagszeit nachträglich zum Geburtstag zu gratulieren. Die Kalkulation dabei: Ich lade mich zum Mittagessen ein und

komme dadurch wenigstens an eine warme Mahlzeit pro Tag. Etwas schräg und vielleicht auch durchsichtig, aber effektiv.
Da ich das Abwaschen zu Hause ebenfalls eingestellt hatte, stand nach einigen Tagen nun auch kein frisches Geschirr mehr zur Verfügung.
Der Plan ging einige Male auf – auch wenn das Essen nicht immer meinem Geschmack entsprach. Aber Kompromisse gehören im Leben dazu.

****

Morgen dann sollte der Tag der Rückreise sein. Ich hatte daher den heutigen Tag für die umfangreiche Grundreinigung vorgesehen. Selbst bei meinen recht bescheidenen Ansprüchen an eine saubere Wohnung hätte ich die Reinigung guten Gewissens auch nicht mehr aufschieben dürfen. Auf einigen Fußbodenflächen befanden sich klebrige Rückstände, die wohl noch vom Männerabend stammen mussten. Schmutziges Geschirr türmte sich auf der Küchenablage und auch Bad und Schlafzimmer hatten es dringend nötig. Schmutzwäsche lag verstreut im Haus und der Kühlschrank gab nichts mehr her.
Saugen, wischen, aufräumen und einkaufen würden sich wohl über den ganzen Tag erstrecken. Kaffeeautomat und Waschmaschine mussten zumindest so präpariert werden, dass nicht auffallen würde, wie ich mich daran vergeblich versucht hatte. Also … ran an die Arbeit.

Ich hatte noch nicht mit meiner Arbeit begonnen, als erneut ein Auto mit einem Hupkonzert auf dem Hof vorgefahren war. Wer konnte das jetzt sein? Ich erwartete niemanden. Einen Moment lang dachte ich, lass es noch einmal den Georg sein. Vielleicht hatte er Leergut vergessen.
Stattdessen war es das Frauen-Urlaubs-Gefährt mitsamt ihren Insassen. Ungläubig und wie gelähmt stand ich da. Sie sollten doch erst morgen zurückkommen. Oh weh … hier war noch

nichts fertig …
Nein, kein Irrtum. Sie stiegen aus und entleerten den Kofferraum vollständig. Alle Koffer standen auf dem Hof und meine Frau nahm sich ihr Reisegepäck, während sie sich gut gelaunt und lautstark lachend zur Verabschiedung umarmten.
Das konnte doch nicht sein …
Ich starrte auf den Kalender und plötzlich fiel es mir wie Schuppen von den Augen und auch aus den Haaren: Ich hatte den falschen Rückreisetag im Kalender eingekreist. Die Rückreise war tatsächlich bereits heute und nicht einen Tag später. Mein Fehler …
Noch ehe ich irgendwie reagieren konnte, hörte ich den Schlüssel das Schloss umdrehen und sie stand im Flur.
„Na, … alles klar bei Dir?“, waren ihre ersten Worte.
„Ja, bei mir schon …“, erwiderte ich leicht zerstreut und bot ihr an, sie könne doch kurz frühstücken gehen, während ich hier noch schnell klar Schiff mache.
„Ist das nötig?“, erkundigte sie sich.
„Na ja … Du möchtest das Haus doch so vorfinden, wie Du es verlassen hast“, waren meine letzten Worte, leicht heuchelnd, aber vergeblich. Denn sie wollte nicht frühstücken gehen. Sie hatten doch vor ihrer Rückreise gefrühstückt. In diesem Augenblick war mir klar, dass ich vor einer unlösbaren Aufgabe stand. Aber mir blieb keine Zeit mehr, um einen Plan zu entwickeln, denn mein Gedankengang wurde durch einen kurzen Aufschrei jäh unterbrochen:
„Hier klebt was …!“
Ich atmete schwer. Das Unheil nahm wohl oder übel seinen Lauf.
Gleich darauf hörte ich einen erneuten Aufschrei. „Was ist das?“, rief sie und ihre Stimme überschlug sich.
In ihrem Kleiderschrank befand sich ein männlicher Slip. Und das Schlimme daran: Er gehörte nicht mir.
Das Kleiderpokern …, schoss es mir durch den Kopf.

Der Vulkan stand kurz vor dem Ausbruch und mir war klar: Ich muss noch viel üben, um zu lernen, wie sturmfreie Bude richtig geht. Und zwar so, dass es nach dem Abenteuer erst gar keinen Sturm gibt.
Aktuell bin ich hoffentlich sturmfest genug, um das jetzt aufziehende Unwetter zu überstehen …!

Nun ging sie in den Keller, um ihre Schmutzwäsche in die Waschmaschine zu bringen. Die Waschmaschine hatte ich zum Glück schon wieder geleert.
Ich hatte jetzt die Chance, oben die Spuren zu beseitigen, während sie im Keller war. Noch ehe ich über den nächsten Schritt nachdenken konnte, hörte ich erneut ihre Stimme aus dem Keller: „Sag mal, hast Du hier eine Rumkugel gegessen? Hier liegen so Schokostreusel …!“
Schokostreusel? Nee … Das verstand ich ja gar nicht.
Doch dann dämmerte es mir …: Die offene Kellertür … und keine Frage … das waren keine Schokostreusel. Das waren Mäuseköddel …! Die Kellertür, die die ganze Nacht offen stand, hatte für Untermieter gesorgt. Und die gab es reichlich. Schließlich liegt neben uns ein freies Feld.
In diesem Augenblick realisierte ich, dass ein möglicher nächster Abend mit meinen Kumpels in ziemlich weite Ferne gerückt war. Wenn es ein nächstes Mal geben sollte, müssen wir uns wohl besser vorbereiten.
Bei den Frauen ging jedenfalls nichts schief.
Ein Umstand, der es uns aber auch nicht leichter machte.

Vergesslichkeit im Alter – nicht immer ein Problem

„Guten Tag, Herr … äh … Herr … jetzt habe ich doch glatt Ihren Namen verlegt … Moment … ich habe es gleich …“

Ganz ehrlich: Wie oft ist Ihnen das schon einmal passiert? Man kennt sich. Aber wie war noch gleich der Name des Gegenüber? Leere im Kopf. Keine Chance … weg … einfach weg. Wie aus dem Kopf geblasen. Eine peinliche Situation? Ja, vielleicht. Aber auch eine menschliche. Und nicht zwangsläufig eine krankhafte. Harmlose Gedächtnislücken treten immer mal auf.
Dafür gibt es zunächst die einfache Erklärung, dass alles, was wir mit Emotionen verbinden können, einfacher in Erinnerung bleibt. Menschen, mit denen wir jahrelang beruflich zu tun hatten, sind uns in der beruflichen Umgebung sofort präsent. Auf der Straße in einer privaten Situation kann das helfen, aber auch einmal danebengehen.
„Entschuldigung, kennen wir uns …?“
„Sie müssen mich verwechseln.“
„Nein, wirklich … Sie sind einem entfernten Bekannten von mir wie aus dem Gesicht geschnitten.“

Wann ist Vergesslichkeit im Alter normal und wann eine Krankheit, womöglich Demenz?

Einen Anhaltspunkt bietet eine einfache Faustformel: Vergesslichkeit, die hin und wieder auftritt, ist eine zwangsläufige Begleiterscheinung älterer Menschen. Zu einer Demenz wird sie dann, wenn der Tagesablauf erheblich erschwert wird oder durcheinandergerät.
Ein betagter Zeitgenosse kann sich zunächst also durchaus darauf berufen, schon lange dabei zu sein, viel erlebt zu haben. Jeder neue Tag vergrößert das Gesamterlebnis im Leben älterer Menschen. Sich nicht mehr an alle Tage oder Erlebnisse mitunter detailgenau erinnern zu können, ist damit fast zwangsläufig. Auch schließt man gewisse Kapitel im Leben ab – mit der Folge, sie bewusst aus dem Gedächtnis zu streichen. Ein Vorsatz, der gelingen kann. Die spätere Erinnerung fällt dann schwerer. Aber die Erinnerung ist auch nicht gewollt. Sie ist nicht mehr im

Kurzzeitgedächtnis und auch nicht im Langzeitgedächtnis. Sie nicht mehr zu haben ist kein Problem.

Aber natürlich – wir fürchten sie, die Alzheimer-Demenz, bei der Nervenzellen des Gehirns zugrunde gehen. Die Ursache dafür ist medizinisch nicht vollends geklärt. Jedoch ist eben nicht jede Vergesslichkeit bereits eine Demenz. Schon gar nicht nur altersbedingt. Wenn Sie sich stressen und übermüdet sind, können Sie auch in jüngeren Jahren etwas vergessen. Im Alter dürfen Sie sogar etwas vergessen, ohne dabei ein schlechtes Gewissen zu bekommen. Ein paar Aussetzer haben Sie frei. Ohne sich Sorgen machen zu müssen.

Ein paar Gesichtspunkte gibt es hingegen schon, bei denen Sie sich ernsthaft Gedanken machen sollten. Nehmen wir als Beispiel eine alltägliche Situation. Sie wachen irgendwann auf, wenn Sie ausgeschlafen sind und liegen in Ihrem Bett. Nachdem die Müdigkeit verflogen ist, erinnern Sie sich sofort, dass Sie aufstehen könnten, vielleicht auch müssten. Das ist schon einmal ein gutes Zeichen. Allerdings ist Ihnen jeglicher Grund entfallen, warum Sie aufstehen sollten. Ein erstes bedenkliches Zeichen. Aber Achtung: Das muss nichts mit Demenz zu tun haben, zeigt höchstens eine gewisse Unterforderung. – Oder aber folgendes Szenario:
Neben Ihnen liegt Ihr durch eine langjährige Ehe verbundener Gatte bzw. Ihre Gattin. Schlagartig wird Ihnen klar, dass Sie verheiratet sind. Nur wissen Sie nicht mehr warum. Auch dies sollte Ihnen Sorgen machen – aber nicht wegen einer Demenz.
An dieser Stelle testen Sie sich: Erinnern Sie sich an Ihren Hochzeitstag? Falls nicht, ist auch noch nicht alles verloren. Sie teilen diese Vergesslichkeit mit der Mehrheit der in Deutschland verheirateten Männer. Die sind garantiert nicht alle dement. Ihr Erinnerungsvermögen ist möglicherweise noch sehr gut. Fragen Sie sie hingegen, ob sie sich an das Ergebnis der letzten

Bundesliga-Begegnung zwischen Bayern München und RB Leipzig erinnern können … Sie werden sehen, Ihre Männer kennen sogar alle Ergebnisse der Partien zwischen Bayern München und RB Leipzig.

Dafür vergessen sie regelmäßig andere Dinge, etwa das Händewaschen vor dem Essen oder nach dem Toilettengang.

Außerdem schwören sie vielfach auf Tipps und Empfehlungen ihrer Freunde und Bekannten. Häufig fällt dort in Gesprächen die Bemerkung „Das kannst Du vergessen“, oder „vergiss es“, „das brauchst Du nicht“ oder ähnliches. Genauso schnell sind sie in der Lage, dieser Empfehlung zu folgen, ohne sich gleichzeitig krankheitsrelevant zu verhalten. Wie pragmatisch. Sie sind in der Lage, zu vergessen, was sie vergessen wollen. Damit wird klar, dass alltäglich erlebte Vergesslichkeit eher harmlos ist. Vielmehr dokumentiert sie, was Ihnen wichtig ist und in Erinnerung bleibt und was Ihnen eher weniger wichtig ist.

Aber es gibt noch andere Gründe für harmlose Vergesslichkeit. Stress ist bereits erwähnt worden. Übermüdung leuchtet auch sehr schnell jedem ein. Flüssigkeitsmangel – man höre und staune – gehört auch dazu. Flüssigkeitsmangel kann man Männern selten vorwerfen, soweit sie fortdauernd ihre Stammtischtermine wahrnehmen. Wird dort mal das Trinken vergessen, vereinbart man sinnvollerweise, dass derjenige sofort die nächste Runde bestellt, der als Erster ausgetrunken hat. Dann kann nichts mehr schiefgehen … oder sagen wir mal fast nichts. Regelmäßige Flüssigkeitszufuhr ist garantiert. Man kommt nicht umhin, sie für ihre vorbildliche Lebensweise zu loben.

Neben den bereits erwähnten Strategien spielt eine ausgewogene Ernährung eine wichtige Rolle. Abwechslung muss auf den Teller. Nicht immer nur Currywurst/Pommes, sondern auch mal eine Schnitzelplatte oder ein Hamburger gehören serviert. Zum Glück gehören diese Gerichte zu den Basics jeder gut sortierten Eckkneipe.

Wie schon erwähnt, verhindern auch moderat sportliche Aktivitäten und ein geistiges Training als wirksame Maßnahmen eine Demenz.
Bleiben wir mal beim Gehirn. Wie jeder Muskel bildet es sich bei Inaktivität zurück. Was also tun? Das Fernsehprogramm auswendig lernen? Warum nicht! Noch besser ist es, das Notwendige mit dem Nützlichen zu verbinden. Sie schreiben bereits Zettel gegen das Vergessen? Gute Idee. Jeder Gedanke kommt auf einen Zettel. Ihre To-Do-Liste besteht aus einer Zettelsammlung. Lernen Sie sie auswendig! Das ist pures Gedächtnistraining. Anschließend können Sie Ihre Zettel entsorgen. Was sich im Geschäftsleben bewährt hat, funktioniert auch zu Hause, wobei es völlig egal ist, ob Ihre To-Do-Liste aus einzelnen Zetteln oder einem formatierten Notizblock besteht.

Vielleicht hilft Ihnen inzwischen auch das Sprach- und Musikprogramm Alexa. Die Entwicklung geht schließlich immer weiter. Irgendwann werden Sie fragen können: „Alexa, was habe ich heute alles vergessen?“ Und sie wird es Ihnen sagen. Bis dahin trainieren Sie Ihr Gehirn. Schließen Sie sich Vereinen, Verbänden oder anderen Gruppen an, in denen ein regelmäßiger Austausch stattfindet. Und treiben Sie moderat Sport. Alles hängt mit allem zusammen.
Vor allem aber: Machen Sie sich keinen Kopf, wenn er Sie hin und wieder mal allein lässt. Es ist oftmals besser, allein zu sein, als permanent Stimmen zu hören, von denen andere sagen, sie hörten sie nicht.

Wenn die Ärzte rufen (1) - Muss ich da eigentlich hin?

Wenn sich Menschen heute voneinander verabschieden, wünschen sie sich „vor allem Gesundheit“. Die Corona-Pandemie

lässt grüßen. In Seniorenkreisen ist das schon länger üblich. Lange bevor es Corona gab. Als Mensch im fortgeschrittenen Alter nimmt die Gesundheit nun einmal einen höheren Stellenwert ein. Kaum einer bleibt von rheumatischen Verschleißerkrankungen und vorwiegend im Alter auftretenden anderen körperlichen Unzulänglichkeiten verschont.
Das wissen auch die Ärzte und die Pharmaindustrie.
Sie sehen in der zunehmenden Seniorengesellschaft viele potente Kunden – wobei auch die Potenz schon einmal öfter Gegenstand beginnender Beschwerden sein kann. Sonst aber sind es vielfach Impfungen, Vorsorgeuntersuchungen, Seh- und Gehhilfen, Hörgeräte, Krankenfahrstühle sowie das umgerüstete Kraftfahrzeug (vgl. das Kapitel „Autofahren im Alter"). Das medizinische Hochleistungsland Deutschland macht vieles möglich.

Allerdings ist auch der Fachärztemangel Realität und ein ständiger Begleiter auf der Suche nach Terminen. Wohl dem, der sich bereits irgendwo als Patient fachärztlich einbuchen konnte. Es ist noch gar nicht lange her, da hatte ich mal mit einer Blasenentzündung zu tun. Bei der Untersuchung sagte mir mein Hausarzt, der mir ein Medikament verschrieb, ich sollte „alles weitere" mit meinem Urologen besprechen. Gleichzeitig fragte er mich: „Wer ist eigentlich Ihr Urologe?" Tja, … wenn ich das wüsste. Ich hatte noch keinen. Kurz darauf nahm ich einen empfohlenen Kontakt wahr und bin seitdem in urologischer Behandlung – ohne Probleme zu haben. Ich bekam gleich einen Jahresplan für die Krebsvorsorge und regelmäßige Kontrollen „unten herum". Faustregel: Ich habe das Alter dafür. Andere haben vielleicht auch die Figur dafür. Nämlich dann, wenn im gesetzten Alter der erarbeitete Wohlstand auch an der Körperfülle ablesbar ist. Der nach vorn gewachsene Bauch wirkt wie ein Sichtschutz von oben und verhindert eine mögliche Blickkontrolle der unterhalb des Bauches angesiedelten Extremitäten. Sie sind nicht

mehr zu sehen und bei muskelverkürzten Armen auch nicht mehr zu ertasten. Seien Sie sicher: Hier hilft der Urologe!
Und es dient ja der Vorsorge. So weit so gut.

Im Gespräch mit Nachbarn, Freunden oder Kollegen ist spätestens mit Vollendung des 50. Lebensjahres die Darmspiegelung Thema Nr. 1. Ein regelrechter Wettstreit scheint darüber zu entstehen, wer bereits die wievielte Darmspiegelung bekommen hat. Tendenz auch hier: Der mit den meisten Darmspiegelungen gibt das Tempo vor.
Ja, und natürlich kann und sollte man die Koloskopie, wie der Fachmann sagt, ab einem gewissen Alter nun einmal durchführen lassen. Wie regelmäßig, bleibt Einzelfallentscheidung.
Trotzdem empfinden viele das Thema als ein Tabu – warum eigentlich? Der eine oder andere mag eine nicht vorzeigbare Verdauung aufweisen, aber das genau wäre erst recht ein Grund hinzugehen.
Es gibt bei der Darmspiegelung wie bei allen Vorsorgeuntersuchungen ein „davor“ und ein „danach“. Ist alles in Ordnung, freuen Sie sich über die Diagnose und fühlen sich sicher. Und ohne zuvor künstlerisch tätig gewesen zu sein, feiern Sie anschließend im doppelten Sinne des Wortes eine „After-Show-Party“.
Wenn ihr Urologe allerdings sagt, er möchte den Befund im Labor „abklären“ lassen, na ja … dann gönnen Sie ihm den Erkenntnisgewinn, auch wenn es schwerfällt. Man selbst klärt nur etwas ab, wenn es ein Problemempfinden gibt. Gibt es das nicht, besteht kein Anlass für Klärung. Etwas abzuklären, das ohne ein Problem anschließend zum Problem wird, nachdem man es abgeklärt hat, ist jedoch die Spezialität der Ärzte. Vermutlich kommt daher die Annahme, jeder Arzt findet etwas, wenn er nur lange genug sucht. Anders ausgedrückt: Ich war gesund, bevor ich zum Arzt ging.
Möglicherweise ist genau deswegen nicht jeder bereit, sich

helfen zu lassen. Arztverweigerung ist durchaus verbreitet. Aber egal ob mit oder ohne Arzt: Natur und Technik gleichen heutzutage einiges aus. Nachlassende Sehkraft wird durch verstärkten Tastsinn kompensiert. Mit den Ohren hat man so lange kein Problem, wie der Fernseher noch lauter gedreht werden kann. Alzheimer-Erkrankungen werden als gesunde Vergesslichkeit interpretiert. Forderungen und Verpflichtungen gegenüber anderen zu vergessen, fördert die Gelassenheit und senkt den Blutdruck. Also alles doch ganz gut, oder? Noch Fragen …?

Überhaupt scheint die Arztverweigerung seit Corona stärker um sich zu greifen. Impfen oder nicht ist schon lange die Frage – und was früher nur unter Juristen bekannt war, kommt jetzt auch in Medizinerkreisen verstärkt vor: Zwei Ärzte haben insgesamt drei Meinungen. Auch das spaltet die Gesellschaft. Dabei ist auch hier schon länger bekannt, dass man sich insbesondere bei schwerwiegenden Gesundheitsproblemen, größeren Eingriffen oder allgemeinen Zweifeln durchaus eine Zweitmeinung einholen sollte. Vielleicht auch eine Drittmeinung. Im Ergebnis wählen Sie die Ihnen angenehmste Antwort als die richtige aus.

Wenn die Ärzte rufen (2) - Wege aus dem Ärztechaos

In jungen Jahren war ich nur ein seltener Gast in Arztpraxen. Die eine oder andere Erkältung … geschenkt! Fachärzte brauchte ich schon überhaupt nicht.

Als Kind und Jugendlicher waren wir sportlich. Computer, Playstation und Handy Fehlanzeige. Ich spielte Fußball. Auf der Straße und in öffentlichen Parkanlagen. Später in einem Verein. Sport ist gesund – dachte man. Gemeint ist stets „mäßiger Sport", kein Leistungssport. Also nichts übertreiben. Heute spüre ich die eine oder andere Spätfolge der sportlichen

Betätigung. Schließlich haben wir beim Fußball auf dem Platz immer alles gegeben. Ich stelle mir gerade vor, dass ich in einem umkämpften Spiel beim Stand von 1:1 plötzlich bewusst nachgelassen hätte. Der Trainer hätte mir vom Spielfeldrand zugerufen, ich solle doch mehr kämpfen, um das Spiel für uns zu gewinnen. „Leg` noch mal eine Schippe drauf!" … oder ähnliches. Und ich hätte ihm geantwortet, … `tschuldigung, geht nicht. Ich möchte im Alter keine gesundheitlichen Probleme bekommen, daher würde ich für den Rest des Spieles im Schongang weiterspielen. Er hätte mich sofort ausgewechselt und an meinem Geisteszustand gezweifelt. Vermutlich hätten sie mich unehrenhaft aus der Mannschaft entlassen.
Aber so tickten wir natürlich nicht. Es wurde weiter richtig Gas gegeben und heute spüren wir den körperlichen Verschleiß. Die Quittung im Alter.
Jetzt braucht man sie – die Fachärzte. Urologen und Orthopäden an vorderster Front. Den Augenarzt sowieso, denn das Augenlicht lässt oftmals schon sehr frühzeitig nach. Häufig bereits in jungen Jahren. Auch den Hautarzt sollte man ab und zu besuchen. Schließlich nimmt auch die Sonneneinstrahlung zu und damit die Zahl der Hautkrebsfälle. Und die Haut vergisst nichts. Der Hals-, Nasen- und Ohrenarzt deckt den Bereich der wichtigen Sinnesorgane ab und auch der Zahnarzt freut sich über regelmäßige Kontrollbesuche. Unverzichtbar bleibt natürlich der Hausarzt, bei dem im Zweifel alles zusammenläuft und der natürlich auch zu allen Themen etwas sagen kann. Abgerundet wird die Rundumversorgung durch Kardiologen, Radiologen, Neurologen und ab und an eine Physiotherapie. Nicht zu vergessen, dass die psychischen Belastungen und damit einhergehende Krankheiten wie etwa Burnout-Syndrome zugenommen haben. Regelmäßige Arztbesuche sind in fortgeschrittenem Alter eine Normalität.
Gegen den einen oder anderen regelwidrigen Körperzustand hilft auch eine Kur, am besten mit Wiederholung alle paar Jahre.

Diese wird ergänzend durch diverse Zusatzuntersuchungen abgesichert.
In der Summe verbringt man in ärztlichen Wartezimmern inzwischen fast so viel Zeit wie im heimischen Schlafzimmer.
Noch viel schwieriger als der immense Zeitaufwand ist es, den Überblick zu behalten. Um zu verhindern, dass man den Augenarzt versehentlich um eine urologische Zweitmeinung bittet, ist eine Ordnerstruktur über alle ärztlichen Kontakte empfehlenswert. Jeder Besuch wird vermerkt, dokumentiert und abgeheftet. Die wichtigsten Befunde sollten in einem Aktenordner stets verfügbar sein und auch zu jedem Arztbesuch mitgenommen werden. Erfahrene Patienten im Umgang mit Krankheitsbildern haben zudem stets eine frische Urin- und Stuhlprobe bei sich. Man könnte schließlich danach gefragt werden.

Ein leidliches Übel stellen die langen Wartezeiten dar.
Der Fachärztemangel verbunden mit dem Rückgang der ländlichen Praxen sorgen überall für Verdichtung in den Wartezimmern. Ein Tipp: Erledigen Sie private Angelegenheiten während der Wartezeit. Die Steuererklärung schaffen Sie innerhalb von drei oder vier Facharztbesuchen während der Wartezeit. Für die Belegsortierung bitten Sie um einen kleinen Beistelltisch und notwendigen Bürobedarf wie etwa Locher, Schnellhefter, Tipp-Ex und einige Büroklammern.
Wer sich statt sinnvoller Beschäftigung während der Wartezeit lieber Wettbewerbsvorteile im Gedränge um einen zeitnahen Behandlungstermin verschaffen möchte, trainiere sich einen bedrohlich klingenden Husten an. Wird der bei Bedarf energisch abgerufen, lichten sich sofort die Reihen im Wartebereich und die Dringlichkeit der bevorzugten Behandlung wird offenkundig. Die Arzthelferinnen werden Sie vorlassen.

Bei Neurologen und Psychotherapeuten, die wegen Überlastung ihrer Praxis keine neuen Patienten annehmen wollen, hilft ein taktisch klug geführtes Gespräch im Aufnahmebereich, um als Patient akzeptiert zu werden. Verweisen Sie etwa darauf, dass Sie nur gekommen seien, weil Ihnen der Hautarzt auch nach dringender Bitte keine Einlagen verschreiben wollte und Sie deshalb die Reparatur Ihres Hörgerätes beim Sanitärinstallateur durchführen lassen mussten. Man wird Sie als interessanten Fall einstufen, den der Arzt unbedingt sehen sollte.

Warum Corona eine einzige Enttäuschung ist

Nun haben wir bereits seit über zwei Jahren diese gottverdammte Pandemie und ich habe noch immer keine Ansteckung gehabt. Natürlich hat sie sich keiner gewünscht, ich auch nicht, aber die Politik wird nicht müde zu behaupten, sie bleibe für immer. Jedoch hat es mich noch nicht erwischt. Darüber mache ich mir ernsthaft Sorgen. Die Vermutung liegt nahe, dass mit mir gesundheitlich etwas nicht stimmt. Ich stecke mich nicht an und ich weiß nicht warum. Offenbar mache ich irgendetwas falsch. Meine große Hoffnung ist nun die in diesen Tagen vom Bundesgesundheitsministerium ausgesprochene Warnung vor dem Herbst, der erneut neue Varianten herausbringen wird, die insgesamt alles übertreffen sollen, was bisher dagewesen ist. Noch ansteckender, noch schlimmer, noch weit verbreiteter. Vielleicht hätte ich meine Impfungen überdenken sollen, obwohl die ja bekanntlich nichts mit der Ansteckung an sich zu tun haben. Aber es gehörte sich doch so. Ich meine, sich impfen zu lassen. Alles schwierig!

Durch die inzwischen üblichen Kontaktbeschränkungen bekomme ich noch nicht einmal mehr eine anständige Erkältung. Ich gebe keinem mehr die Hand zur Begrüßung und achte auf den empfohlenen Mindestabstand. Es klappt nicht immer mit dem Mindestabstand. Dazu gehören schließlich zwei. Aber ich

weiß um die Gefahren. So weit, so gut. Die allermeisten machen auch mit.
Wir desinfizieren und wir meiden größere Veranstaltungen. Wir reduzieren Kontakte und vereinsamen gezielt. Aber hat sich schon einmal jemand mit den langfristigen Folgen dieser Verhaltensweisen beschäftigt? Nehmen wir die Desinfektionen. Unsere Haut und die Atemwege mögen eigentlich keine Desinfektionsmittel. Genau genommen verhalte ich mich ungesund, um nicht krank zu werden, wenn ich sie benutze.
Das kann doch auch nicht gesund sein! Außerdem wurde ich noch nicht krank. Ich schwimme im Mainstream mit, finde es aber absurd. Eigentlich auch widersinnig.

Als jemand, der regelmäßig ins Fitnessstudio geht, hätte es mich eigentlich früh treffen müssen. Die Fitnessstudios waren schnell als Virenherd ausgemacht und entsprechend sanktioniert worden. Inzwischen hat sich das wohl eher als ein Trugschluss herausgestellt, sind doch die Fitnessstudios mittlerweile einer der sterilsten Orte, die man sich vorstellen kann. Sie haben eine Vielzahl von Regelungen und Kontrollmechanismen geschaffen, um den Mitgliedern die Hygiene förmlich einzuimpfen. Dadurch sichern sie ihr Unternehmen in der Pandemie.
Bevor man das Studio betreten darf, ist der Impfstatus nachzuweisen. Natürlich hat er auf dem neuesten Stand zu sein. Geimpft und geboostert. Ansonsten wäre hier bereits Schluss. Zwei Meter hinter dem Eingang wartet der Fieberscanner und teilt sofort die gemessene Temperatur mit. Vorgezeichnete Wege mit Pfeilen, Absperrungen und Desinfektionsmittelspendern sorgen für Einbahnverkehr im gesamten Trainingsbereich. Man kommt niemandem zu nahe. Alle benutzten Geräte sind möglichst vor und in jedem Fall nach der Benutzung zu desinfizieren. Natürlich durch den Nutzer. Personenzahlbegrenzungen sorgen dafür, dass sich nicht eine Person zu viel im Raum befindet. Und selbstverständlich gibt es auf dem Gelände auch eine Teststation.

Ansteckung eigentlich nicht möglich. Alles im grünen Bereich. Jedoch – wie soll man bei diesen Begleitumständen vernünftig trainieren? Fast ist das Training nicht mehr Hauptzweck des Besuchs.
Es steht wohl ziemlich sicher fest: In Fitnessstudios sich anzustecken ist weitgehend ausgeschlossen. Trotzdem werden sie vermutlich als Erstes wieder schließen müssen, wenn die Inzidenz eine bestimmte Größenordnung erreicht. Das verstehe, wer will.

Und eine Befürchtung bleibt: Was ist, wenn die nächste Coronawelle wieder kleiner wird als angekündigt? War dann der ganze Schutz wieder für die Katz?
Sollte das so kommen, schreibe ich einen Beschwerdebrief. Wenn wir uns schon tagein, tagaus mit nichts anderem mehr als Schutzmaßnahmen beschäftigen, dann erwarte ich auch eine entsprechende Virenlast. Sonst wäre schließlich alles umsonst gewesen. Ich würde in diesem Fall sogar die Regierung verklagen. Ich weiß nur nicht, vor welchem Gericht.

Eine Hoffnung bleibt. Kürzlich haben sie die Affenpocken entdeckt. Die sind vielleicht ein würdiger Nachfolger der schwächelnden Corona-Ableger. Zumindest klingt es bedrohlich. Der Glaube daran hat sich zwar noch nicht so ganz durchgesetzt. Aber die staatliche Propaganda legt ja regelmäßig nach. Und der Glaube kann schließlich Berge versetzen.
Auf das Corona-Virus ist jedenfalls kein Verlass.

Berufstätigkeit im Alter frei bestimmen

Stellen Sie sich vor, Sie sind bereits im Ruhestand und wollen trotzdem arbeiten. Glauben Sie nicht? Es geht tatsächlich einigen so, die das planen und umsetzen. Andere wiederum treibt es nach einer gewissen Zeit der Rekonvaleszenz wieder in eine aktive Beschäftigung.
Berufstätigkeit im Alter ist eine Wertentscheidung. Sie können … Sie müssen aber nicht. Auch das ist Freiheit.
Von denen, die noch etwas Produktives tun wollen, sind die meisten auf einen Minijob fixiert. Das reicht aus. Andernfalls hätte man der alten Hauptbeschäftigung weiter nachgehen können. So ein Minijob hat eine Menge Vorteile:
Er wird förmlich an jeder Ecke angeboten, es gibt eine reichhaltige Auswahl unterschiedlichster Tätigkeiten, er kann häufig ungelernt wahrgenommen werden und die Arbeitszeit berücksichtigt auch die Interessen des Arbeitnehmers.
Warum also nicht? Das dabei abfallende „Taschengeld“ ist auch zu gebrauchen. Ich habe weder Kosten noch Mühen gescheut, die meistgesuchten Minijobs zu finden und … natürlich … sie einer gewissen Begutachtung zu unterziehen. Dieses Kapitel zeigt Ihnen, was Sie tun können, wenn Sie mal wieder wollen.
Ein anderes Thema ist der Rollenwechsel, den manche Frau mit ihrem etwas lebensälteren Mann vollzieht, nachdem die Kinder aus dem Haus sind. Oder vielleicht sind gar keine Kinder da und Frau möchte sich generell etwas intensiver einer beruflichen Tätigkeit widmen. Besonders dann, wenn der Mann es nicht mehr tut.
Wie ich darauf komme? Man hat mich tatsächlich anlässlich einer Lesung darauf angesprochen. Das ist gelebte Gleichberechtigung.
Ich musste meine Defizite zugeben und habe zur Wiedergutmachung die „Businessfrauen“ als Thema für mich entdeckt und versprochen, es in diesem Buch zu veröffentlichen. Lesen Sie, wie es den Businessfrauen geht und noch viel mehr ihren Männern.

Die TOP 10 der meistgesuchten Minijobs für Rentner und Pensionäre

Der Trend, vor dem Erreichen des Rentenalters aus dem Berufsleben auszuscheiden, ist in Deutschland weiter ungebrochen. Vorruhestand ist „in".
Ist es die permanente Drohung aus Richtung der Politik, das Rentenalter immer weiter nach hinten zu schieben? Ist es der zunehmende Stress durch Arbeitsverdichtung? Ist es die latent vorhandene Neigung der Vorgesetzten, das buchstäblich Letzte aus ihren Mitarbeitern herauszupressen? Oder ist es die Midlifecrisis, die uns so um das 50. Lebensjahr erreicht und nicht wieder los lässt? Möglicherweise von allem ein bisschen.
Was es auch ist – wer kann, nimmt seinen Hut vorzeitig!
Aber nicht, um den Rest des Lebens auf der faulen Haut zu liegen. Aktivitäten sind im Alter für Körper und Geist lebenswichtig. Man will weiter dazu gehören – aber eben anders. Raus aus der Knochenmühle und rein in die selbstgewählte Abhängigkeit. Da ist es der Minijob, der seinen Reiz versprüht. Die Chance, endlich einmal selbstbestimmt zu arbeiten. Geld wird auch immer noch gebraucht. Rentenkürzungen, Nullrunden und eine steigende Inflation haben ihren Preis. Und der Lebensstandard soll unbedingt gehalten werden. Gar nicht so einfach, wenn die Enkel bereits studieren … und die Kinder doch auch noch. Und alles verlangt nach Unterstützung.

Der Rettungsanker heißt Minijob. Oder besser gleich mehrere. Häufig direkt vom Nachbarn abgeschaut. Aber was genau soll es werden? Wie finde ich den richtigen Minijob?
Auf keinen Fall darf es der bisherigen Haupttätigkeit ähneln oder gar entsprechen. Andernfalls hätte man doch auch dort noch länger bleiben können. Und wie soll man dann seinen vorzeitigen Ausstieg aus dem Hauptberuf rechtfertigen …?
Nein, das geht nicht.

Besser ist es schon, etwas nach eigenen Fähigkeiten auszusuchen. Was also kann ich gut? Tja …. genau genommen … Fehlanzeige …
Und wozu hätte ich Lust? Hmmh … wieder Fehlanzeige. Um Lust geht es ja schließlich auch nicht. Nirgendwo steht geschrieben, dass Arbeit Freude machen muss. Sie ist eine schlichte Notwendigkeit.
Den Nachbarn zu zeigen, dass man sofort anderswo gebraucht und eingesetzt werden kann, ist viel wichtiger! Schließlich soll niemand denken, man begäbe sich nach dem Aufstehen erst an den Frühstückstisch und danach für den Rest des Vormittags sofort wieder auf das Sofa. Vor allem aber betonen Sie stets und allen gegenüber, keinesfalls ginge es dabei um Geld. Das habe man schließlich nicht nötig.

Um die richtige Tätigkeit zu finden, bietet sich die folgende Überlegung an: Was bringe ich mit?
Also auf jeden Fall Flexibilität. Die ist ganz wichtig und wird von den Arbeitgebern allgemein sehr geschätzt. Daneben sollten Erfahrungen vorhanden sein. Welche …? Egal, hauptsächlich vielfältige Erfahrungen. Lebenserfahrung bringen reifere Menschen in jedem Fall mit. Reicht doch!
Also … wo ist nun Not am Mann? Schauen wir auf einige beliebte Tätigkeiten für rüstige, mobile, flexible und vielfältig einsetzbare Rentner.

Der klassische Minijob für rüstige Rentner ist der des **Hausmeisters**. Vornehmer ausgedrückt sind sie heutzutage „Facility Manager“ und echte Allrounder: Sie optimieren die Bewirtschaftung von Gebäuden, reduzieren Nutzungskosten und sorgen für das Wohlfühlelement beim Wohnen. Somit sind sie der Ansprechpartner für alles rund um das Haus.
Benötigt wird im Regelfall lediglich der Führerschein. Auch leichte gesundheitliche Einschränkungen stellen kein Problem

dar. Freie Zeiteinteilung ermöglicht überdies stressfreies Arbeiten und gegen chronische Schmerzen hilft der Kräuterschnaps, von dem im Arbeitskittel immer eine handliche Dreierpackung vorhanden sein sollte. Der Hausmeister ist in größeren Wohnblocks ein gefragter Ratgeber. Würdevoll und mit einem Gesichtsausdruck, der die Entschlossenheit Gary Coopers beim Duell mit Banditen um „12 Uhr mittags" noch übertrifft, rotiert er ruhelos in den Gängen der Wohnetagen und Häuserblocks umher.

Sein eigentliches Arbeitsgebiet, bestehend aus Kleinreparaturen im und um das Haus, übt er nach eigener Einschätzung seiner handwerklichen Fähigkeiten aus – also überwiegend gar nicht. Schlechte Erfahrungen nach einigen handwerklichen Eingriffen sorgen für eine gewisse Vorsicht bei der Entgegennahme neuer Aufträge. Nach außen hin macht sich der Hinweis auf fehlende Zeit auch immer gut. Schließlich klingelt dauernd das Handy. So muss er nur noch selten selber Hand anlegen. Vielmehr übt er eine Führungsaufgabe aus.

Aber es fragen auch nicht mehr alle nach seiner Hilfe. Meiers aus dem 3. Stock hatten einen Wasserschaden – aber erst nachdem der Hausmeister den tropfenden Wasserhahn repariert hatte. Kloses können ihre Rollläden nicht mehr herunterziehen. Dabei hatte der Hausmeister lediglich mit einem Feuerhaken die Maus aus dem Rollladenkasten vertrieben. Einzelschicksale, auf die in der Gesamtheit des erfolgreichen Wirkens nicht immer Rücksicht genommen werden kann.

Überwiegend blickt der Hausmeister auf Erfolge zurück: Eine einstmals klemmende Haustür lässt sich nach diversen Schlägen mit dem Gummihammer nun wieder öffnen. Lediglich das fünf Sekunden andauernde Quietschen seit dem Eingriff ist nicht ganz zufriedenstellend.

Hilfe mit Rat und Tat – auch bei der notwendigen Klärung von Schuldfragen - sind sein Spezialgebiet. Oberster Grundsatz: Ist

die Bausubstanz veraltet, kann auch der versierte Eingriff des Hausmeisters nichts mehr retten.
Der Gebäudeeigentümer lässt ihn frei gewähren. Der Hausmeister hält ihm schließlich nervende Mieter vom Leibe. Die Reparaturkosten für alle Schäden am Haus werden als Betriebskosten umgelegt und so bald als möglich in eine Mieterhöhung umgewandelt.
Dort wo der Hausmeister nichts reparieren muss, ist er ein gefragter Gesprächspartner der Mietparteien. Umfassende Kenntnis der familiären Verhältnisse der Mieter, zumeist aus erster Hand, ermöglichen es ihm auch ungefragt, Ratschläge in allen Lebenslagen zu geben. Er weiß besser als die meisten anderen im Haus, wer gerade etwas mit wem hat und warum.
Nach Feierabend schaut er mit Stolz und einer gewissen Befriedigung auf sein Tagwerk und ist sich sicher, dass ohne ihn im Mehrfamilienhaus vieles ganz anders wäre.

Zu den Minijobs, die zweifellos im Trend liegen, gehört der des **Saunaaufgießers**. Fehlende Fertigkeiten, Neigungen und Interessen angenommen, gibt es hier ein leicht zu erlernendes Betätigungsfeld und Ihre Unkenntnis spielt keine Rolle. Die Fitnesswelle boomt und eine gepflegte Wellnessbehandlung gehört ohne Zweifel dazu. Der routinierte Saunaaufgießer komponiert den gewünschten Duftstoff mit kaltem Wasser, rührt das Substrat an, bis es die gewünschte Konsistenz bekommen hat, und schöpft schließlich mit der Suppenkelle fachgerecht eine Portion aus dem Bottich, um sie anschließend aus der optimalen Höhe würdevoll auf den Saunaofen abperlen zu lassen.
Diverse Sicherheitsvorschriften untersagen es allen Saunabesuchern, selbst etwas aus dem Pott zu schöpfen. Eine kurze Einweisung ermöglicht es dem Saunaaufgießer, auf alle sicherheitsrelevanten Ereignisse wie Erdbeben, Gewitter, Hochwasser sowie sich übergebende Insassen angemessen zu reagieren.
Das falsche Halten der Kelle oder die unzureichend verteilte

Flüssigkeitsmenge kann schwerwiegende Folgen haben … so jedenfalls meint es der Saunabetreiber.

Mit einem gezielten Griff faltet der Saunaaufgießer nun ein bereit liegendes Handtuch und schwingt es kraftvoll wie einen Propeller so lange, bis der Duft des Substrats auch den letzten Winkel des Raumes erreicht hat. Nun bekommt jeder Saunagast die heiße Luft gnadenlos so lange in sein Gesicht gefächert, bis der Kopf in Kaminrot leuchtet und der Schweiß vom ganzen Körper abtropft wie das Wasser von einem übervollen Kieslaster.
Der Minijob des Saunaaufgießers ist vor allem für zeitlich flexible Ruheständler ausbaufähig. Bis zu zehn stündliche Aufgüsse kann der hierzu körperlich geeignete Aufgießer zelebrieren. Um den aufgeheizten Körper später etwas abzukühlen, sollte der Saunaaufgießer seine nächtliche Schlafzeit auch in den Wintermonaten auf dem ungeheizten Balkon oder im Garten verbringen.

Großer Beliebtheit erfreut sich die Tätigkeit eines **Kellners**. Zu einer flexiblen Arbeitszeit im Schichtbetrieb kommt der Vorteil weniger notwendiger Vorkenntnisse – zumindest oberflächlich betrachtet. Dabei wird oft übersehen, dass der Kellner der Verkäufer und das Aushängeschild eines gastronomischen Betriebes ist.
Menschenkenntnis, ein gepflegter Geschmack, sicheres und würdevolles Auftreten sowie gute Sozialkontakte gehören zu einer erfolgreichen Berufsausübung. Sich sicher im Umgang mit der Speise- und Getränkekarte zu bewegen, runden das Berufsbild ab. Ungewöhnliche Menüwünsche der Gäste nimmt der versierte Kellner nicht persönlich, sondern beantwortet sie souverän. Etwa die Frage danach, ob man Eisbein oder Froschschenkel habe, zielt regelmäßig nicht auf etwaige körperliche Unzulänglichkeiten des Kellners und sollten von diesem deshalb auch nicht als Anmaßung aufgefasst werden.

Sofern die notwendige Sicherheit im Umgang mit den Speisen zu wünschen übrig lässt, besteht immer noch die Möglichkeit, auf die Frage nach einer Empfehlung aus der Karte mit einem klaren „Lieber nicht“ zu antworten. So wird vermieden, dass der später mit dem Essen unzufriedene Gast die Schuld in der Empfehlung des Kellners sucht.
Schmeckt es anschließend trotzdem nicht, überzeugen sich engagierte Kellner direkt selbst von der mangelhaften Qualität der Speise, indem sie noch am Tisch vom Teller des Gastes mit dessen Besteck eine Kostprobe nehmen. Schließlich ist die Schuldfrage zu entscheiden. Zur Beweissicherung füllt der Kellner einen gehäuften Esslöffel der bemängelten Speise in einen mitgeführten Behälter und bringt sie in die Küche und ggf. anschließend in ein Labor.

Ein gutes Gedächtnis bei Bestellungen ermöglicht es der fortgeschrittenen Servicekraft, auf den Notizblock zu verzichten. Wer beim Auswendiglernen und Merken von diversen Bestellungen mit seiner Gedächtnisleistung beeindrucken kann, imponiert auch den Gästen. Kleine Verwechselungen unter Stresssituationen lassen sich ohne Weiteres verzeihen, wenn etwa der Salat als „gut durch“ serviert wird und dafür das Steak ein Balsamico-Dressing erhält. Hier gilt: Nobody is perfect – oder die bekannte Standardausrede: „Hätte ich mehr als zwei Hände, könnte ich im Zirkus auftreten.“
Ungehaltenen Gästen nimmt man schnell den Wind aus den Segeln, wenn man ihnen klar macht, man sei doch nicht zu ihrem Vergnügen hier. Auf diese Weise souverän gekontert verschafft sich der Kellner bei seiner Berufsausübung den notwendigen Respekt.
Neben dem vereinbarten Lohn erzielen beliebte Kellner ein nicht zu unterschätzendes Trinkgeld – aber eben nicht alle. Diejenigen, die nun einmal nicht zum Vergnügen der Gäste da sind, gehen schon mal leer aus.

Ist der Ruhestand erreicht, lässt der tägliche Druck nach. Keine Termine, kein Stress, keiner ruft, keiner nervt … durchatmen ist angesagt. Nach etlichen Wochen oder Monaten freien Atmens kommt dann aber wieder das andere Extrem durch: Keine will mehr etwas von mir? Bin ich nicht mehr wichtig? – Hier kann geholfen werden. Die örtlichen Vereine suchen händeringend Nachwuchs. Also rein in die Feuerwehr – eigentlich kein Verein in diesem Sinne –, rein in die Seniorensportgruppe, die Kaffeetafel, den Heimatverein, die Kaninchenzüchter und was sonst noch so angeboten wird. Werden Sie **Vereinsmeier**! Ihr Leben bekommt fortan Farbe.

Engagieren Sie sich, wo es geht und lassen Sie sich dafür regelmäßig auf die Schulter klopfen. Das Engagement in Vereinen wird allseits gelobt. Mindestens bei jeder zweiten Rede des Bürgermeisters hebt dieser das Glas und trinkt auf die ehrenamtliche Tätigkeit und das damit verbundene soziale Engagement, das in keiner Gemeinde so ausgeprägt ist wie hier.
Der Ihnen im bisherigen Leben möglicherweise nicht gegönnte Erfolg tritt schnell ein. Einmal zur falschen Zeit in die Runde geschaut, sind Sie stellvertretender Kassenwart oder Beisitzer im Vorstand geworden. Wenn Sie sich fragen, warum … tun Sie es lieber nicht! Glauben Sie einfach mal daran, dass endlich jemand Ihre Qualitäten angemessen zu würdigen weiß. Schnell bekommen Sie die Anerkennung, nach der Sie lange vergeblich gesucht haben. Wöchentliche Einladungen zu Festivitäten aller Art flattern Ihnen ins Haus. Da macht es nichts, wenn auch mal nach Mitternacht ein eiliger Anruf des Vereinsvorsitzenden nach sofortiger Erledigung schreit. Und bei Ihrem eigenen Geburtstag steht die Hälfte aller Einwohner Ihres Ortes zum Gratulieren vor der Tür. Irgendwann werden Sie sich fragen, warum Sie eigentlich erst so spät in Ihrem Leben ihre eigentliche Berufung entdeckt und verdiente Anerkennung erhalten haben. Eigentlich hätten Sie auch selbst mal Bürgermeister werden können.

Ausreichend Selbstbestätigung gibt es aber auch in anderen Berufen. Gepaart mit der Freiheit der Reiter auf der weltbekannten Zigarettenwerbung, viel frischer Luft und absoluter Selbstbestimmtheit im Handeln. So und nur so zieht der **Jäger** im Wald seine Kreise und markiert sein Revier. Wollten Sie schon immer mal einen Jagdschein haben? Es lohnt sich. Als Fachkraft für Recht und Gesetz im Wald sorgen Sie für das nötige Korrektiv im biologischen Gleichgewicht und erfüllen damit eine wichtige Aufgabe zur Regulierung des Wildbestands. Aber nicht nur das. Mit dem Gewehr in der Hand erleben Sie ein zweites „12 Uhr mittags – High Noon" wie einst der bereits zitierte Gary Cooper, als er dem Feind allein gegenüber stand und nur eine Chance hatte – die Waffe zu benutzen.

Daneben unterrichten Sie Spaziergänger über deren Fehlverhalten, wenn diese achtlos Blätter oder Beeren in die Hand nehmen. In Kombination mit etwas Geschick in der Küche bereichert die Jagd gleichzeitig Ihren Speiseplan.

Der Lohn dieser Tätigkeit ist allerdings überwiegend ideeller Natur. Sie sparen lediglich etwas Geld beim Weihnachtsbraten, sofern Sie ihn selbst erlegt haben. Das ist leider alles. Das Gefühl von unbändiger Freiheit und Abenteuer kann Ihnen aber niemand nehmen.

Wenn Sie kein solcher „Held" sind, müssen Sie nicht verzagen. Es gibt schließlich eine ganze Reihe anderer wichtiger Tätigkeiten, die als Minijob geeignet sind, mit überwiegend flexibler Zeiteinteilung und freier Entfaltung. Besonders die **Vertreterbranche** bietet da so einiges. Wenn Sie nicht direkt „in Versicherungen machen" wollen, hätte ich volles Verständnis dafür, denn auch mein Versicherungsdschungel bräuchte etwas Rückschnitt und auch notwendige Aufforstung. Mit beidem tut sich der Mensch naturgemäß schwer. Warum die Dinge anpacken, wenn außer der pünktlichen Beitragsentrichtung nichts weiter zu tun ist? Angesichts solcher Rückstände fehlt es an der notwendigen inneren Einstellung, um andere darin fachgerecht beraten

zu können. Aber kein Problem, wenn es nicht Versicherungen sein sollen. Die Vertreterbranche hat noch mehr zu bieten: Nehmen Sie etwas, was Sie besser beherrschen und wo Ihre Kenntnisse den durchschnittlichen Wissensstand der Mitmenschen überragen. Sie trinken gern Wein? Und das auch öfter mal? Andere könnten von Ihrem Wissen profitieren? Werden Sie Weinberater! Das passende Weingut in der Hinterhand gehen Sie auf die Menschen zu und präsentieren Ihnen Wein-Qualitäten, die diese bisher nicht gekannt haben.
Eine kurze Einweisung in geschickter Verhandlungsführung ermöglicht Ihnen der Weinhändler. Anschließend nehmen Sie sich mal eine Woche nichts weiter vor und probieren Sie sich ausgiebig durch dessen Bestände. Prüfen Sie dabei genau, welcher Wein zuerst, als zweites, drittes usw. und später als Abschluss getrunken werden sollte. Wenn Sie alles mit allem kombiniert und ausgewertet haben, können Sie anschließend … oder besser nach ein paar Tagen Rekonvaleszenz … auf Kundenbesuch gehen. Wichtig ist dabei Ihre eigene Verkaufsform, die Sie getestet haben sollten. Wirken Sie erst dann überzeugend und selbstsicher, wenn Sie zwei bis drei Schoppen Wein zu sich genommen haben, so tun Sie das direkt vor dem Kundenbesuch. Sie sind dann vom ersten Moment an auf Betriebstemperatur und überzeugen Ihre Kunden bereits bei einer herzlichen Begrüßung.
Vereinbaren Sie dann zu Beginn der anschließenden Weinprobe möglichst gleich mit dem Kunden, wie Sie zu späterer Zeit sicher und unfallfrei die Wohnung verlassen und Ihren Heimweg antreten können. Übergeben Sie ihm dazu Ihre Visitenkarte und notfalls auch Ihren Wohnungsschlüssel.
Sollte es bedauerlicherweise nicht zu einem profitablen Geschäftsabschluss gekommen sein, so gewinnen Sie vielleicht einen Freund, der sich in der kommenden Woche über eine Gegeneinladung freut.
Das Betriebsklima bei der Tätigkeit des Weinberaters ist überwiegend gut. Es herrscht die meiste Zeit eine gelöste Stimmung.

Arbeit kann eben doch Spaß machen! Hier ist das so.

Manche der bislang besprochenen Minijobs setzen durchaus körperliche und/oder geistige Qualitäten voraus. Für Menschen im fortgeschrittenen Alter sind das mitunter schwierige Anforderungen. Auch die Lernkurve steigt bekanntlich im Alter. Ob man sich die mit dem Zusatzverdienst verbundenen Strapazen zumuten kann, ist daher im Vorfeld dringend zu überprüfen. Wenn Sie jetzt sagen, das war mir bisher alles zu anstrengend – einverstanden. Sie suchen also eine Tätigkeit völlig ohne körperliche oder geistige Beanspruchung. Auch das gibt es.

Die **Prüfungsaufsicht** bei schriftlichen Prüfungsteilen, wie sie vor den Industrie- und Handelskammern oder auch der einen oder anderen Berufsschule durchgeführt werden, ist so ein Minijob. Die Aufsicht ist eine zwingende Notwendigkeit, denn schließlich können die Prüflinge während der Anfertigung der Prüfungsarbeiten nicht sich selbst überlassen werden. Betrugsversuche bei der Anfertigung von Prüfungsarbeiten sind schließlich bereits in den besten Familien vorgekommen. Einen Dozenten oder Professor dort stundenlang hinzusetzen und Aufsicht führen zu lassen, gilt allgemein als Ressourcenverschwendung oder als zu teuer. Dieser könnte in der Zwischenzeit lehren und sich somit sein Geld rechtmäßig verdienen. Die Arbeitskraft ist schlicht zu wertvoll, um sie in der Aufsichtszeit brach liegen zu lassen. Der Gedanke, hierfür besser einen Ruheständler einzusetzen, ist daher nicht neu.

Der Vorteil für den Arbeitgeber: Ihr Honorar fällt gegenüber der Lehrkraft deutlich ab und der Schulträger hat Geld gespart.

Der Nachteil: Aufkommende Fachfragen der Prüflinge zum Prüfungsinhalt können durch die Rentner nur unzureichend beantwortet werden. Aber was interessiert das den an einem leichten Zusatzverdienst interessierten Ruheständler?!

Die Einarbeitung ist innerhalb von fünf Minuten beendet: Merken Sie sich die Endzeit der Prüfung und sammeln Sie die

Arbeiten ein. Das war`s schon. Während die Prüflinge schreiben, decken Sie sich den Tisch am Pult und frühstücken Sie ausgiebig. Anschließend bleibt ihnen noch Zeit für das eine oder andere Nickerchen.
Eine geistige Beanspruchung entfällt, da wie oben erwähnt aufkommende Fragen aus dem Teilnehmerkreis nicht beantwortet werden müssen.
Die körperliche Beanspruchung entsteht nach dem Hinsetzen ausschließlich durch die Nahrungsaufnahme zwischendurch.
So kann sich der Aufsichtführende nach Beginn der Arbeitszeit gemütlich hinsetzen, die Tageszeitung lesen, mehrmals frühstücken und anschließend zurückgelehnt vor sich hin dösen.
Was hat das mit vernünftiger Prüfungsaufsicht zu tun? … werden Sie fragen. Nichts! Jedoch sitzt die Aufsicht dort lediglich zur Abschreckung und soll durch bloße körperliche Anwesenheit Täuschungsmanöver der Prüflinge unterbinden.
Die Arbeit ist also mit der einer Vogelscheuche im Garten durchaus zu vergleichen. Die Arbeitsbedingungen und das Umfeld sind dagegen wesentlich angenehmer.
Und war das Frühstück ausgiebig und üppig, fallen die Augen nun mal zu. Wo verdient man sonst Geld im Schlaf?

… Doch das gibt es auch, erklärte mir mein Nachbar, mit dem ich mich über Betätigungsmöglichkeiten ausgetauscht hatte. Seine Nichte sei Influencerin. Ich wollte schon mein Beileid ausdrücken. Schließlich ist mit so einer Grippe nicht zu spaßen, da schob er eine überraschende Erklärung nach:
Als **Influencer** (engl. to influence = beeinflussen, einwirken, prägen) werden Personen bezeichnet, die „… aus eigenem Antrieb Inhalte (Text, Bild, Audio, Video) zu einem Themengebiet in hoher und regelmäßiger Frequenz veröffentlichen und damit eine soziale Interaktion initiieren. Dies erfolgt über internetbasierte Kommunikationskanäle wie Blogs und soziale Netzwerke wie Facebook, Instagram, YouTube, Snapchat oder Twitter…“

(Quelle: Gablers Wirtschaftslexikon). Das versetzte mich in blasses Erstaunen. Wie viele Millionen Menschen sind schließlich in den sozialen Netzwerken unterwegs. Das scheint ja eine wahre Goldgrube zu sein. Ich konnte es erst nicht glauben. „Nein, nein …“, korrigierte er mich. „Du musst bestimmte Reichweiten haben.“
Okay, … jetzt wird es mir eindeutig zu technisch. Außerdem … worüber schreiben die denn ständig und ist das eigentlich notwendig? Nein, sagte er mir. Eigentlich sei das total belanglos und uninteressant, aber es wollen halt viele wissen.
Ach so ist das …
Außerdem – wer soll denn dafür etwas bezahlen? Nein, … also das kommt wohl nicht infrage.

Von Kindesbeinen an faszinierte mich vielmehr der Beruf des **Schaustellers**. Sie zogen von Ort zu Ort und begeisterten die Leute auf dem Jahrmarkt. Fröhlichkeit als Beruf, sozusagen. Ich erinnere mich daran, wie ich immer wieder das Schild las: „Junge Leute zum Mitreisen gesucht.“ Diesen Traum träumte ich manches Mal und malte mir aus, wie es denn wohl sein würde, alles hinter sich zu lassen und mitzureisen. Okay, alles Kinderträume und vor allem Schnee von gestern. Außerdem suchten sie bekanntlich „junge Leute“.
Tatsächlich aber können auch „alte Leute“ auf dem Dorfschützenfest einen Job bekommen. Häufig gesucht werden Erschrecker für die Geisterbahn. Das sind lebende Monster, die je nach ihrem Aussehen mehr oder weniger verkleidet und geschminkt den Fahrgästen einen Grusel bereiten, indem sie plötzlich aus der Dunkelheit vor ihrem Wagen auftauchen. Ein Spaß, der definitiv gut ankommt. Ältere, vom Leben gezeichnete und von rheumatischen Krankheiten gebeutelte Zeitgenossen weisen die größte Eignung auf. Je nach Ähnlichkeit geben sie die Mumie, das Gespenst oder einen Zombie.
Die Jobs der Chip-Einsammler in den coolen Fahrgeschäften

bleibt dagegen eher jungen Leuten vorbehalten. Schließlich gilt es, die besonders wichtige Käufergruppe der Teenager zu gewinnen. Das gelingt besonders beim übertriebenen Auf- und Abspringen auf die fahrenden Karussells. Eine in jeder Hinsicht für die älteren Mitbürger nicht mehr zu empfehlende Tätigkeit. Aber nicht verzagen. Ist der Job in der Geisterbahn bereits vergeben, bleibt noch der an der Losbude: Als Hauptgewinn, mit einem Schild um den Hals, das die Überschrift trägt: „Pflegeanleitung – für den, der mich bekommt."

Ich gebe zu, eine etwas heiter-melancholische Spätkarriere. Wer es derb-deftiger und lustig bis albern mag, sollte sich meinen letzten Tipp für die späte Mini-Job-Karriere ernsthaft durch den Kopf gehen lassen. Werden Sie **Karnevalist** und wagen Sie sich in eine Rolle, die in der Pandemie zwar etwas in Verruf geraten ist, die aber ausgesprochen feucht-fröhlich ausfällt. – Vorausgesetzt, Sie stehen auf die spezielle Art des Karnevalhumors. Vergessen Sie alles an intellektuell angehauchter Satire. Derber Spott in den Niederungen des Komischen, hin und wieder gepaart mit deftigen Kraftausdrücken. Darauf kommt es an. Umgeben Sie sich eine Zeit lang mit Betrunkenen und diskutieren Sie mit Ihnen weltpolitische Fragen. Das ist die Schule fürs Leben.

Motto: Der Klügere gibt nach, weil ihm nichts anderes übrig bleibt. Aber finden Sie erst mal überhaupt einen Klugen unter ihnen!

Was Sie mitbringen müssen, ist Geselligkeit und Stehvermögen. Karnevalssitzungen können schon einmal sehr lange dauern, vom inoffiziellen Teil ganz abgesehen. Idealerweise scheuen Sie auch nicht vor gesanglichen oder tänzerischen Darbietungen zurück. Das gilt auch dann, wenn Ihr damaliger Musik- oder Sportverein von dergleichen Aktivitäten als Berufswahl dringend abgeraten hatte. Sie werden sehen, Mut wird belohnt und hunderte Narren können nicht irren. Wenn Sie außerdem noch soziale Kompetenz im Umgang mit Gleichgesinnten besitzen, auch wenn diese nach einem zu tiefen Blick ins Glas deutliche Ausfallerscheinungen zeigen, sind Sie fast schon die Idealbesetzung. Eine Bereitschaft zur Veränderung des Wohnsitzes, wahlweise nach Köln, Düsseldorf oder Mainz, wäre der Spätkarriere förderlich. Und wenn es Ihnen gelingen sollte, alle anderen unter den Tisch zu trinken, kommt bei der Wahl zum Präsidenten keiner an Ihnen vorbei.

Angesichts der Vielzahl der aufgezeigten Möglichkeiten sollten Sie nun sicher in den Vorruhestand gleiten können. Sie finden bestimmt die zu Ihnen passende Tätigkeit, um Ihrem künftigen Alltag einen Sinn zu geben.

Businessfrauen

Es muss das Zwitschern der Vögel gewesen sein, das mich viel zu früh aus dem Tiefschlaf holte. Die Augen noch nicht richtig geöffnet murmelte ich „Schatz, machst Du uns mal einen Kaffee?!“ Keine Antwort …
Meine Hand griff zur anderen Bettseite, die Augen weiterhin geschlossen. Ich erwischte das Kopfkissen. Darauf lag niemand. Ich tastete weiter in verschiedene Richtungen, aber fühlte nur das Zudeck. Kein Zweifel – das Bett war leer.
Ist sie etwa schon zur Arbeit gefahren?
Mein Blick wandte sich vorsichtig zur Uhr des Radioweckers. Sie zeigte zu meiner Überraschung 11.39 Uhr an. Oh … Doch schon so spät.

Ich könnte noch liegen bleiben. Das Leben meint es gut mit mir. Vielleicht wäre ich manchesmal besser liegen geblieben. Doch ich stand auf und fand auf dem Weg ins Bad den ersten Zettel: „Schatz, die Dusche wurde nicht richtig warm, schaust Du

gleich mal nach …?“
Nee … also nicht vor dem Frühstück! Das ist einer meiner Grundsätze.
Ich ging über den Flur. Dort fiel mir sofort das heftige Blinken des Anrufbeantworters auf. Vier neue Nachrichten. Alle von heute Morgen. Glückwunsch – da wartete noch mehr Arbeit. Die erste Nachricht war von 7.35 Uhr. Die mir wohlbekannte Stimme erklang: „Schatz, wenn Du einkaufen gehst, vergiss bitte nicht die beiden Zettel von REWE und DM. Sie liegen in der Küche.“ Okay, kein Problem, da muss ich eh hin. Und siehe da …
Dort lagen sie nicht.
Außerdem wollte ich heute gar nicht einkaufen gehen.
Noch ehe ich weiterdenken konnte, meldete sich das Handy. Eine neue Nachricht bei Whatsapp: „Den Einkaufszettel kannst Du wegwerfen. Elke bringt mir die Sachen mit“, stand in der Kurznachricht. Ich schrieb kurz zurück: „Ist gut, ich werfe den Einkaufszettel weg. Sag mir schnell, wo ich ihn finde und welcher es ist.“ Was wären wir nur ohne Whatsapp …?!
Jetzt endlich wollte ich frühstücken. Immerhin war es bereits 12.30 Uhr …

*****

Ich bin recht gut in den Job als Hausmann reingewachsen. Wir haben das ein paar Jahre lang diskutiert und dann hat Susanne das entschieden. Da ich etwas älter bin, habe ich meinen eigentlichen Job auch etwas früher beendet, auch wegen einiger Gebrechen. Susanne arbeitet noch weiter. Sie hat ihre Karriereziele neu definiert, arbeitet jetzt in einer wichtigen Stabsstelle. Direkt unter dem Vorstand. Sie ist im besten Sinne eine »Karrierefrau« oder »Powerfrau«, oder sollte ich sagen eine „working mum“? Jeder dieser Begriffe klingt überholt und nicht wirklich als Kompliment. „Karrierefrau“ ist scheinbar eine Frau, die trotzdem

Karriere macht. Der Begriff enthält eine überkommene Unterstellung, beides schließe sich normalerweise aus bzw. Karriere ginge nur bei gleichzeitiger Vernachlässigung privater Pflichten. Und haben Sie schon einmal etwas von einem „Karrieremann“ gehört? Gibt es sprachlich nicht.
Aber wie auch immer … Wie haben uns so arrangiert.

Ich selbst sehe mich als Familienvater. Das nimmt mir keiner. Das ist etwas Eigenes. Denn eine „Familienmutter“ gibt es schließlich auch nicht. Unsere Sprache zeigt uns, was sie als normale Vorstellung einer Familie empfindet. Aber ist das auch normal? Es wird so viel an der Sprache herumgedoktert, aber die angestaubten Begriffe werden nicht korrigiert. Jawohl, das ist meine Meinung. Hier applaudieren mir sonst immer die Frauen. Sollten sie zumindest.

Ich habe Susanne über eine Dating-Plattform kennengelernt. Macht man ja so heute … Auch wenn man nicht mehr ganz jung ist. Das erste Mal trafen wir uns in einem Café. Wir wussten beide noch nicht viel voneinander. Ich fand sie gleich sympathisch. Anschließend verabredeten wir, uns wiederzusehen. Wir tauschten Visitenkarten aus. Susanne reichte mir ihre und ich hielt kurz inne. Auf der Karte stand „Dr.“ Susanne hatte einen Doktortitel. Promoviert, sagt man. Das hätte sie mir doch sagen können …
Wir haben uns dann trotzdem wiedergesehen. Natürlich.
Und zu Hause merkt man nicht, dass sie einen Doktortitel hat.
Sie überlässt mir auch schon mal eine Entscheidung. Und ich kann damit umgehen. Ich muss nicht immer recht haben. Es gibt zwischen uns keinen Wettbewerb um Macht und Hierarchie. Das empfinde ich als sehr entspannend.

Ich nehme Susanne im Alltag einiges ab. Halte ihr den Rücken frei. Das Kochen habe ich bereits gut gelernt, seit wir zusammen

sind. Ich konnte in der Küche anfangs gar nichts. Inzwischen kann ich schon ganz gut Spiegeleier aus der Pfanne, Ravioli aus der Dose und Toast Hawaii. Der gelingt mir wirklich gut.
Im Garten lassen wir uns inzwischen von einer Firma helfen. Wir sind schließlich beide gut ausgelastet.
Eine Dame kommt einmal in der Woche zum Saubermachen. Das hält mir etwas den Rücken frei. Man hat ja auch noch eine Beziehung.
Susanne weiß das gar nicht mit der Reinigungskraft, sie ist ja zu der Zeit immer im Job. Wenn sie dann nach Hause kommt, ist es sauber.
Als wir uns kennengelernt haben, hatten wir beide ein eigenes Girokonto. Das hat sich nicht geändert. Auf meinem Konto passiert aber nicht so viel. Bin ja schließlich zu Hause. Inzwischen hat Susanne für uns weitere Unterkonten angelegt. Ich habe ein Haushaltskonto, auf das Susanne einzahlt. Dafür überweise ich ihr monatlich einen festen Betrag auf ein Mietkonto. Ein weiteres Unterkonto ist für mein Taschengeld und eines für den Versorgungsausgleich. Susanne ist da sehr genau. Und sie hat an alles gedacht. Es gibt auch keinen Streit über die Konten, denn ich bin im Allgemeinen kein streitsüchtiger Mensch. War ich noch nie …

*****

Der Einkaufszettel. Wo war er nun? Aah … okay, ich finde ihn im Arbeitszimmer. Schreibt sie mir wieder bei Whatsapp. Ja, da liegt er auch. Aber darauf steht „Strategische Neuausrichtung der Modellmarken P3, P4 und P5 …“ Es folgen verschiedene Abkürzungen, die mir alle nichts sagen. Aber gut, wenn es das inzwischen im Sortiment bei DM gibt. Ich bin da länger nicht gewesen, kenne den Laden nicht so gut. Wie besprochen warf ich den Zettel also weg.
Eigentlich sollte ich mich jetzt um die kalte Dusche kümmern.

Sanitärinstallationswissen habe ich keines. Auch sind meine handwerklichen Fähigkeiten nicht die herausragende Eigenschaft von mir. Und doch gehe ich jedes Problem an – stets zunächst ohne fachlichen Rat einzuholen. Das erwarte ich selbst von mir. Schließlich bin ich hier zu Hause der Facility-Manager. So heißt das doch jetzt, oder …?
Es dauerte nicht lange, da hatte ich den Brausekopf und die Zuleitung gelöst und komplett zerlegt. Leider ohne irgendwelche Erkenntnisse. Nach dem Zusammenbau dieser Teile glaubte ich, zumindest den ursprünglichen Zustand wieder hergestellt zu haben. Allerdings tropfte die Dusche jetzt, obwohl der Regler zugedreht war. Da die Tropfen sehr warm waren, schien zumindest das Temperaturproblem gelöst zu sein.

Zu weiteren Dingen kam ich eh nicht. Susanne rief völlig aufgelöst an. In der Vorstandssitzung sollte sie einen Vortrag halten. Als sie dran war und ihre Mappe aufklappte, befand sich darin ihr hinterlegter Spickzettel als Redemanuskript für den Vortrag. Darauf stand jedoch:
„Slipeinlagen extra lang, Intensiv-Fußcreme 100 ml, Hornhautentferner Bimsstein einfach“ sowie „Einlegesohlen für frische Füße und weichen Gang.“ Ich war verwirrt.
Gibt es das nicht irgendwie alles bei DM?
Mir schwante nichts Gutes. Susanne hatte heute Morgen in der Eile offenbar die Zettel verwechselt.

Sie erklärte mir am Telefon, dass sie sich nach dieser Peinlichkeit kurz entschuldigte und die Sitzung verließ. Mit den Worten halt, sie müsse mal den Raum verlassen. In diesem Augenblick wehte dieser Zettel durch einen Windzug beim Türöffnen auf den Boden. Einer ihrer Vorgesetzten hob ihn auf und las dabei den Inhalt.
Was sie jetzt tun solle, wollte sie von mir wissen.
Ich riet ihr: Lass Dir nichts anmerken und bitte darum, das

Thema auf die nächste Zusammenkunft zu verschieben. Du müsstest in der Zwischenzeit noch daran arbeiten …
Gesagt – getan.

Susanne zog sich auf diese Art einstweilen aus der Affäre.
Jedoch kam ihr Vorgesetzter nach der Sitzung auf sie zu und meinte süffisant lächelnd, Karrierefrauen seien wohl doch immer noch Frauen. Manchmal werde dies eben deutlich. Dabei grinste er in einer Mischung aus Überlegenheit und Schadenfreude.
Das war nicht nur ein vergiftetes Kompliment, sondern bereits das pure Gegenteil eines Kompliments– praktisch eine Unverschämtheit.
„Wissen Sie …“, erwiderte Susanne, „… Frauen können noch so gut sein. Wenn Ihnen die Männer schlecht zuarbeiten, sind Sie verraten und verkauft! Und was die Besorgungen auf dem Zettel angingen – einige der hier tätigen Männer hätten noch ganz andere Besorgungen nötig.“
Das hatte gesessen! Sie wunderte sich einen kurzen Moment lang selbst über ihre vorlaute Bemerkung. Schließlich sprach sie mit ihrem Vorgesetzten. Der jedenfalls errötete sofort, lächelte etwas gezwungen und verließ den Raum ohne Worte.

Susanne weiß, was sie will. Sich jedenfalls nicht von Männern auf Geschlechterklischees runter definieren lassen. Schon gar nicht, wenn diese Businessmänner mittlerweile jünger sind als sie.
Frauen wie Susanne wissen sich zu wehren. Natürlich kann sie auch eine charmante Gesprächspartnerin sein. Auf Augenhöhe. Mindestens. Und das ist viel interessanter als die dünne Suppe aus Tratsch und Smalltalk.

An den Wochenenden muss sich Susanne von ihrem Job erholen. Sie schläft dann aus, meistens bis zum frühen Nachmittag. Dann

muss sie auch mal nichts machen.
Macht sie zu Hause sowieso nicht. Und wenn sie dann aus dem Bad kommt, sehen wir uns direkt zum Abendessen. Sie ist dann zwar noch etwas unausgeschlafen, aber nach dem zweiten Aperitif kann man mit ihr schon wieder reden. Nur dass sie dann sofort wieder da ansetzt, wo sie gestern abgebrochen hat. Ob es nicht eine Unverschämtheit war, was ihr der Kollege da an den Kopf geworfen hat, wollte sie noch einmal wissen? Dann stimme ich ihr sofort zu. Das ist ihr wichtig. Und wir sind uns einig, dass karrieregeile Männer einfach unausstehlich sind.

Susanne bringt schon ab und zu den beruflichen Frust mit nach Hause. Das ist verständlich. Ich höre mir dann den halben Abend an, wer aus ihrem beruflichen Umfeld etwas gesagt oder getan oder nicht gesagt und nicht getan hat. Die Diskussion bekomme ich nur zu Ende, indem ich anbiete, wir könnten vielleicht mal unsere Rollen tauschen. Dann sagt sie … "nö … lass mal", oder wenn sie genervt ist: „Du weißt genau, dass das nicht geht!"
Bei alledem haben wir eine Verbundenheit zwischen uns. Äußerlichkeiten spielen dabei keine wesentliche Rolle. Ich suche keine Barbiepuppe. Denn ich bin auch nicht der Ken.
Manchmal frage ich mich, was sie an mir schätzt …(?)
Ich weiß es nicht genau. Ein Businessmann bin ich nicht. Aber ich glaube, ich kann sie auffangen, wenn sie nach Hause kommt. Als Gegenleistung bekomme ich zu meinem Frauenbild regelmäßig ein Update. Das können nicht alle Männer von sich sagen.

Freizeit muss nicht sinnfrei sein

Senioren erleben einen Zuwachs an Freizeit, wenn sie ihre Berufstätigkeit beendet haben. Jeder Tag bringt zusätzliche acht bis zehn Stunden Freizeit, die sinnvoll gefüllt werden wollen. Nicht wenige von ihnen suchen pausenlos nach einer neuen Erfüllung, dabei sind viele nützliche und erlebnisreiche Freizeitaktivitäten im nahen Umfeld möglich.
So gelingt es oft, verborgene Kindheitsträume wieder zu erwecken. Denken Sie nur daran, wie viel Spaß früher ein Besuch auf dem Schützenfest bereitet hat. Standen seinerzeit der Eisgenuss und der Fahrspaß im Vordergrund, so sind es heute … immer noch der Fahrspaß und diverse kulinarische Genüsse, die den Kindern aus gutem Grunde vorenthalten werden. Dabei sein ist alles! Heute wie früher.

Nun ist so ein Schützenfest nur eine relativ kurzzeitige Vergnügung. Interessanter und vor allem bei Senioren beliebt ist der Wanderspaß, den Sie auch für sich entdecken können. Überschaubare Routen sorgen für Aus- aber nicht Überlastung und die sozialen Kontakte kommen dabei nicht zu kurz. Erfahrene Wandervögel sind überdies in der Lage, auch Wanderungen größerer Gruppen optimal vorzubereiten und damit Erholung und Freude pur zu garantieren. Und sollte doch mal etwas danebengehen: Mit Routine und der nötigen Portion Abgeklärtheit wird jede Tour zu einem unvergesslichen Erlebnis.

Neben all diesen Vergnügungen kennt der aufgeklärte Zeitgenosse natürlich auch seine Pflicht zum Dienst an der Allgemeinheit, wenn nun endlich dafür ausreichend Zeit ist. Ehrenamtlichkeit zum Wohl der örtlichen Gemeinschaft lautet die Devise. Für wen das nicht nur eine Floskel ist, der lasse sich als Mandatsbewerber für das dörfliche Parlament, den Ortsrat, aufstellen. Angesichts der Nachwuchssorgen bei nahezu allen politischen Parteien werden Sie überall mit offenen Armen empfangen. Wenn Sie denn erst einmal gewählt sind, was reine Formsache ist,

erwarten Sie interessante Themen. Seien Sie bereit, sich über kleinste Lappalien mit anderen die Köpfe heiß zu reden. Zeigen Sie die Bereitschaft, mit Ihrer Partei des Vertrauens im Rücken ein Feindbild gegenüber allen anderen Parteien aufzubauen und auch dann mit ihnen zu streiten, wenn es eigentlich um nichts als das reine Rechthaben geht. Streit ist die Seele des Gesprächs.
Und vor allem: Kassieren Sie großzügige Diäten. Wechseln Sie ruhig mal die Ansichten, wenn es argumentativ eng werden sollte. Die große Politik macht Ihnen das täglich vor.
Der Vorteil der Dorfparlamente besteht überdies in einer ausgeprägten Geselligkeit. Nicht selten werden im Anschluss an die Sitzungen feuchtfröhliche Zusammenkünfte organisiert, die bei einem guten Essen und einigen geistigen Getränken eine Vertiefung des einen oder anderen Themas ermöglichen. Die Debatte bekommt dadurch zwar keine wesentlich neuen Impulse. Es kommen nach den ersten Bierrunden aber auch die ruhigen Parlamentarier aus der Deckung, sodass eine kontroverse Diskussionskultur entsteht.

Auch mäßige sportliche Betätigung, zum Beispiel beim Schwimmen, sollte ihren Raum in der Freizeitgestaltung älterer Leute finden. Hier steht nicht mehr der Leistungsgedanke im Vordergrund, sondern das Gemeinschaftsgefühl. Selbst ungeübte Freizeitsportler lernen nach kurzem Training im Wasser längst vergessene Glücksmomente kennen. Sie überwinden Grenzen, die sie nicht mehr für möglich gehalten haben. Daneben entstehen beim gemütlichen Beisammensein nach dem Sport Kontakte mit Gleichgesinnten.
Wer sich überfordert fühlt, schaltet gemächlich einen Gang herunter – vorausgesetzt, es gibt noch einen niedrigeren Gang zum Herunterschalten.

Gesittet und mit Anstand verläuft inzwischen auch die alljährliche Vatertagstour. Es ist unter Männern weitläufig Tradition, sich am Himmelfahrtstag zum fröhlichen Volllaufenlassen zusammenzufinden. Hierzu bedarf es dringend einer Gegenbewegung, um den (überwiegend) jungen Nichtvätern die Hoheit über die Straßen an diesem Tag nicht kampflos zu überlassen. Wer, wenn nicht die über 50-Jährigen, ist dazu besser aufgerufen. Wir können auch anders! Lesen Sie nach!

Was schätzen wir noch in unserer Freizeit?
Natürlich das Fernsehen. Ohne schlechtes Gewissen!
Anders als bei den jüngeren Mitbürgern unserer Gesellschaft läuft bei uns noch das traditionelle Fernsehprogramm, bestehend aus öffentlich-rechtlichen Sendern, die die jüngere Generation gar nicht kennt, einschließlich ihrer Regionalprogramme und der eine oder andere Privatkanal.
Nicht immer und nicht gern, aber die Privatkanäle sind nun einmal vorhanden. Also kann man auch mal schauen, was dort läuft. Wir zahlen schließlich die Grundgebühr für Radio und Fernsehen.
Uns interessieren die Zusatzanbieter nicht sonderlich. Deren Programm besteht in der Hauptsache aus Filmen für spezielle Interessen oder aber aus Endlosserien. Letzteres hatten wir ausgiebig im Berufsleben, insbesondere wenn Sie in einem Büro, bei einem Arzt, im Krankenhaus oder als Koch tätig waren.
Das Angebot ist bereits ohne sie groß genug.

Auf dem Schützenfest

Viele von uns sind in ihrem Kopf immer Kind geblieben. Ihr Leben lang. Vielleicht auch ein Kindskopf. Das sind Erwachsene, die zu Albernheiten bzw. Kindereien neigen. Ich finde daran nichts Schlimmes. Der Alltag ist ernst genug.
Sich ab und an mal auszuleben und das Kind im Manne heraus zu lassen, hat doch schließlich etwas Befreiendes.

Problem nur, dass man das nicht überall praktizieren kann. Die Welt um uns herum ist durch diverse Probleme und Katastrophen gekennzeichnet. Wir verbringen viel Zeit mit dem Lösen diverser Schwierigkeiten im Alltag. Sich einmal spielerisch und albern zu geben und nicht immer bierernst zu sein, bleibt dabei auf der Strecke. Dabei sollen die ernsten Dinge des Lebens nicht verkannt oder weggewischt werden. Vielmehr geht es darum, sich auch einmal frei von Etikette und frei von Zwängen zu bewegen. Der Kopf wird frei und es gilt die Erkenntnis, wonach das Leben zu kurz ist, um sich nur mit Problemen zu umgeben.

Vielleicht hat man deshalb die Schützenfeste und den Karneval erfunden. Sie geben den Menschen die Möglichkeit, sich einmal von einer anderen Seite als im Alltag zu präsentieren und ihre Sorgen und Nöte zu vergessen. Dass das nicht immer nur zum Vorteil gereicht und buchstäblich über die Stränge geschlagen wird, gehört für viele mit dazu. Wer will einem das verdenken? Man ist doch nur einmal Kind, sagt man bei Kindern. Warum sollte die damit verbundene Narrenfreiheit nicht auch bei Erwachsenen gelten.

So zumindest dachten wir, als wir zu viert in einer reinen Männerrunde den Schützenplatz in unserem Stadtteil besuchen wollten. Einer von uns, der Georg, war nämlich in diesem Jahr auch Schützenkönig geworden. Mehr durch Zufall, wie er selber meinte. Eigentlich nur Glückskönig, aber wie auch immer. Als Schützenkönig bist Du auf Ortsebene mindestens so angesehen wie ein Feuerwehrmann oder Polizist. Eine Respektsperson, gleich hinter dem Pfarrer, oder Arzt.
Georg hatte auch die Idee für den gemeinsamen Besuch des Schützenfests. Er wollte uns an seiner Inthronisierung teilhaben lassen.
Das Ganze sollte mit einem zünftigen Frühstück im Festzelt beginnen. Als Schützenkönig wurde ihm die Ehre zuteil, von der

Schützengilde höchstpersönlich zu Hause abgeholt zu werden. Ein Ehrengeleit gewissermaßen. Dazu gehörte ein Empfang der Schützen, zu dem Georg den Anwesenden eine Schnapsrunde aus seiner hauseigenen Bar spendierte. Vor dem eigentlichen Frühstück und auf nüchternen Magen. Ob wirklich alle nüchtern waren, ließ sich nachher nicht mehr sicher feststellen, da das Schützenfest schon einige Tage im Gange war.
Nach diesem Ritual schlossen wir anderen drei uns zwanglos der Runde an und begaben uns so in das Festzelt, wo das Frühstück gereicht werden sollte.

Der Wettergott hatte es an diesem Tag gut mit uns gemeint. Die Sonne schien, es war ein warmer Junitag und bereits am Morgen zeigte das Thermometer 24 Grad. Als wir kurz darauf am Zelt angekommen waren, mussten es etwa 27 Grad gewesen sein.
Allen tat die Sonne gut – nur dem vorbereiteten Schützenfrühstück nicht. Es bestand in der Hauptsache aus belegten Brötchenhälften, die mit viel Wurst und Käse versehen waren. Alles handgemacht und dennoch liebevoll garniert mit Zwiebeln, Gurken, Tomaten, Radieschen, Petersilie und was der Garten sonst noch so hergab.
Im Zelt herrschte so gut wie kein Lüftchen. Das Zelt wirkte dabei ähnlich einem Brutkasten und es mochten sicherlich zu Beginn bereits 30 Grad Wärme gewesen sein. Die Luft war erfüllt vom Geruch der belegten Brötchen, wobei die Zwiebeln auf den Mettbrötchen besonders deutlich wahrzunehmen waren.

Nach der ersten Bierrunde zur Begrüßung floss der Schweiß bereits in Strömen. Trotzdem mussten zunächst einige wichtige Reden gehalten werden. Sie bestanden in der Hauptsache aus der Ehrung von Kameraden und ehemaligen Schützenkönigen. Je länger es dauerte, desto mehr hatte ich den Eindruck, die Brötchen hätten bereits in puncto Aussehen stark nachgelassen. Der Wurst und Käsebelag verbog sich leicht nach oben und wurde

fleckig. Während die Reden so dahinplätscherten und alles bewusst entspannt ablief, kreisten die nächsten Bierrunden.
Als dann endlich das Buffet freigegeben wurde, waren die Brötchen wohl bereits deutlich über den Punkt. Dennoch verschlangen wir sie förmlich mit Heißhunger, denn das Bier hatte Appetit gemacht.

Das bierselige Beisammensein am Frühstückstisch mochte noch etwa zwei weitere Stunden gedauert haben. Die Gespräche wurden mit der Zeit immer lauter und häufiger durch schallendes Gelächter unterbrochen. Der Geruch nicht mehr ganz frischen Essens lag bereits etwas penetrant in der Luft.
Irgendwann schlug einer von uns vor, jetzt endlich mal über den Platz zu gehen. Die größte Mittagshitze lag bereits hinter uns. Leider mussten wir unseren Kumpel Georg zurücklassen. Er saß inmitten der geehrten Schützen, umgeben von diversen gut gefüllten Bierseideln. Es war der Tisch der Ortsprominenz. Selbstverständlich vorrangig bedient von der Zeltbewirtschaftung. Wir fragten ihn wiederholt, ob er uns begleiten wolle. Er bejahte dies, blieb aber trotzdem sitzen. In uns kam die Vermutung auf, er konnte uns nicht mehr richtig verstehen. Weniger wegen der Lautstärke. Heinrich äußerte die Ansicht, Georg sei ebenso wie die Brötchen auch bereits über den Punkt.
Egal. Wir beschlossen, ohne Georg zu dritt über den Platz zu gehen. Die richtige Stimmung dafür hatten wir nach den etlichen Bierrunden.
Mit leicht schwankendem Gang verließen wir das Zelt und standen in der immer noch heißen Nachmittagssonne.

Unseren ersten Stopp legten wir an der Schießbude ein. Kurt meinte, er sei zwar kein Schützenkönig, könne aber trotzdem gut schießen. Ob denn jemand Lust hätte, mit ihm einen auszuschießen.
Ohne auf unsere Antwort zu warten, bestellte er eine Ladung

Munition. Als er das Gewehr anlegte, kam mir erstmals der Gedanke in den Kopf, dass der Besuch der Schießbude in unserem alkoholisierten Zustand vielleicht doch keine so gute Idee gewesen war. Aber Kurt war davon nicht mehr abzubringen. Also ließen wir ihn gewähren.
Mit seinen ersten Schüssen verfehlte er erwartungsgemäß deutlich das angepeilte Ziel. Schließlich wankte er bereits bedenklich mal nach links und mal nach rechts während des Zielens. Dann fluchte er leise vor sich hin und legte neu an. Sein Körper bewegte sich leicht hin und her. Ob ihn der neben ihm stehende Heinrich kurz angerempelt hatte oder nicht, ließ sich nicht mehr aufklären. Jedenfalls machte Kurt einen kleinen Ausfallschritt und drückte in diesem Augenblick ab. Die Teetasse des Schießbudenbetreibers polterte vom Tresen. Sie stand auf dem hinteren Teil unterhalb der Schussfläche. Der Treffer reichte aus, um den Becher zum Kippen zu bringen. Kurt bestand darauf, er sei nur kurz abgerutscht. Das könne doch jedem mal passieren.
Wir konnten ihn glücklicherweise gemeinsam von weiteren Demonstrationen seiner Schießkunst abbringen und gingen nach einer kurzen Auseinandersetzung mit dem Schießbudenbetreiber, in deren Verlauf er die Tasse ersetzt bekam, schließlich weiter. Auf den Schreck nahmen wir erst einmal ein Bier zu uns.

Als besondere Attraktion war in diesem Jahr eine Geisterbahn auf unserem Schützenfest. Keine Frage – da mussten wir rein. Wir setzten uns nacheinander jeder in einen Wagen. Ich fuhr als Erster. Die Wagen hatten im normalen Fahrbetrieb einen ausreichenden Abstand voneinander. Schließlich sollte jeder seinen persönlichen Grusel erleben, ohne von dem hinter ihm fahrenden Wagen gestört zu werden.
Als Erster kam ich auch wieder am Ziel an, stieg aus und wartete auf die anderen beiden. Heinrich sollte als Zweiter zurück sein. Zu meiner Überraschung kam der Wagen von Heinrich jedoch leer aus der letzten Schwenktür gefahren, also ohne den

Heinrich. Noch ehe ich einen klaren Gedanken fassen konnte, war auch Kurt im dritten Wagen wieder am Startpunkt angekommen. Ich sah ihn verwundert an und fragte, was mit Heinrich sei. Lachend erklärte er mir, wir sollen uns keine Gedanken um Heinrich machen. Er sei nur mittendrin kurz ausgestiegen, weil er dringend pinkeln musste. Wenn sein Wagen nicht mehr vorbeikäme, würde er anschließend die Schienen entlang zum Ausgang gehen … Aha! Wir warteten einige Minuten, ohne dass Heinrich aus der letzten Tür auftauchte.
Stattdessen kam er kurz darauf leicht schwankend und mit offener Hose aus der ersten Tür am Startpunkt wieder heraus und jagte damit einem nachfolgenden Ehepaar, deren Wagen gerade gestartet war, einen fürchterlichen Schrecken ein. Für sie war die Fahrt nun ein wirklicher Grusel. Angesichts der Peinlichkeit dieses Ereignisses verzichteten wir auf die Klärung der Frage, wo oder wie sich Heinrich erleichtert hatte und sahen zu, dass wir den Ort des Geschehens so schnell wie möglich verlassen konnten, ohne den Betreiber der Geisterbahn auf uns aufmerksam zu machen. Er musste aber bereits etwas bemerkt haben. Den Kopf aus dem Kassenhäuschen gestreckt rief er uns ein paar unfreundliche Kraftausdrücke hinterher. Ich verstand nur, wir sollten uns bloß nicht wieder bei ihm sehen lassen, sonst wäre der Teufel los.

Auf den Schreck mussten wir noch etwas trinken. Vor uns lag der Biergarten mit kleinem Imbiss. Dort kehrten wir ein. Kurt bestellte zu unserer Überraschung für sich neben einem Bier eine Bockwurst mit Kartoffelsalat. Auf unsere fragenden Blicke erklärte er, nach unseren diversen Bieren habe er wieder Appetit bekommen. Außerdem habe er die Brötchen ab Mittags für verdorben gehalten und nicht mehr gegessen.

Während unseres Aufenthalts im Biergarten kam der Gedanke an Georg auf. Wie mag es ihm wohl ergehen? Also beschlossen

wir, kurz einmal nach ihm zu sehen. Wir gingen zurück in das Festzelt. Dort saß Georg immer noch mit seinen Schützenkönigen zusammen. Sie hatten ungefähr drei Mal mehr Biergläser auf dem Tisch, wie Personen daran saßen. Die Luft war erfüllt von einer Mischung aus Alkohol, verdorbenem Essen und Schweiß. Trotzdem aßen Georg und seine Tischnachbarn von den letzten Brötchen, die inzwischen nun wirklich nicht mehr gut aussahen. Dabei unterhielten sie sich lautstark mit vollem Mund. Dennoch – die Stimmung schien gut zu sein. Scheinbar alles okay. So setzten wir unseren Weg über den Festplatz fort. Kurt schwankte inzwischen merklich und stieß im Vorbeigehen mit einem Mitarbeiter der Losbude zusammen. Der Topf mit den Losen entglitt seiner Hand und leerte sich am Boden. Während ich ihm beim Aufsammeln der Lose half, war Heinrich bereits weitergegangen und an der Bobbahn angekommen. Dort löste er drei Fahrscheine und winkte uns herüber. Begeistert waren wir nicht von der Idee, stiegen aber jeder in einen Bob. Kurz darauf ging es los. Das Karussell setzte sich langsam in Bewegung. Zur Überraschung aller stoppte es wieder und der Discjockey kündigte eine der beliebten Rückwärtsfahrten an.
Meine ohnehin nicht vorhandene Begeisterung für alkoholisiertes Karussellfahren steigerte sich zu einem Entsetzen. Heinrich dagegen lachte laut. Kurt schien aber auch nicht glücklich zu sein. Ich sah noch, wie er wieder auszusteigen versuchte. Das gelang ihm aber nicht mehr. Die Wagen waren bereits zu schnell unterwegs. So mussten wir die Rückwärtsfahrt über uns ergehen lassen.
Rückwärts ging es dann auch für die Bockwurst mit Kartoffelsalat, die Kurt während dieser Fahrt wieder erbrechen musste. Er tat dies in gebückter Haltung vor sich in den Fußraum seines Bobs. Es schien niemand etwas davon mitbekommen zu haben. Und so verließen wir eilig die unheilvolle Stätte sofort nach Fahrtende.

Inzwischen war es Abend geworden und wir hatten auch erkennbar genug. Heinrich schlug vor, den Abend bei einem „Absacker“ ausklingen zu lassen. Kurt protestierte zunächst etwas und wollte lieber noch einmal zur Schießbude zurück. Wir konnten ihm das aber erfolgreich ausreden.
So beendeten wir unser Festfrühstück gegen 18.30 Uhr. Wir nahmen zuvor noch einen letzten Drink am Kiosk. Kurt entschied sich für einen Magenbitter, den er zur Medizin erklärte und mit schmerzverzerrtem Gesicht trank. Anschließend schüttelte er sich.
Nun beschlossen wir, Georg abzuholen und gingen in Richtung Festzelt. Vielleicht machen wir dann noch etwas zu viert. Dort angekommen fanden wir Georg allerdings fest schlafend an seinem Tisch vor. Seine Mitstreiter überzeugten uns, dass es besser sei, ihn schlafen zu lassen.
So machten wir uns ohne ihn auf den Heimweg und verabredeten, seiner Frau auszurichten, er wolle dort noch zu Abend essen, da noch letzte Brötchen da seien.

Zu Hause angekommen verzog ich mich zum Schlafen direkt ins Gästezimmer, um nicht aufzufallen. Gut, dass unser Schützenfest nur alle paar Jahre stattfindet.

Wie wir später erfuhren, hatte Georg kurz nach Mitternacht ausgeschlafen und ist dann nach Hause gegangen.
Kurt versuchte noch einige Wochen danach, uns einzureden, er sei ein guter Schütze und hätte ins Ziel getroffen. Er sei nur weggerutscht, weil ihn jemand gestoßen hatte. An seinen „Aussetzer“ in der Bobbahn wollte er sich nicht mehr erinnern.
Heinrich bekam vom Betreiber der Geisterbahn eine Rechnung für Reinigungs- und Reparaturaufwand, die er ohne es zu erwähnen beglich. Erst später räumte er ein, dass es wegen seines Urinierens einen Kurzschluss bei einer der Figuren in der Geisterbahn gegeben habe, wodurch diese offenbar ausgetauscht

werden musste.
Einige Wochen später erklärten alle, einschließlich Georg, es sei ein schönes Fest gewesen, das man eigentlich öfter begehen sollte.

Die Brockenwanderung

Wandern gilt als der Volkssport im Alter. Nicht zuletzt deshalb sind viele Menschen der älteren Generation ständig auf Wanderschaft. Um dem Ganzen nicht nur gesellige Momente abzugewinnen, die zweifellos dazugehören, werden die Wanderstrecken gern mit körperlichen Herausforderungen verknüpft. So bekommt die Wanderung einen sportlichen Anreiz, der Körper und Seele guttut und der letztlich beim danach geplanten gemütlichen Beisammensein das Abendessen und den Umtrunk besonders gut schmecken lässt.

Es war bei uns schon länger im Gespräch, mit einigen leistungsfähigen und dazu bereiten Kameraden eine größere Wanderung zu unternehmen. Eine reine Männertruppe sollte es sein. Die Frauen dürften sich aber gern an der Organisation und Vorbereitung beteiligen. Die Begeisterung war einhellig. Und wie es sich für Menschen mit reichlich Lebenserfahrung gehört, vereinbarten wir eine gründliche Planung vorzunehmen. Schließlich sollte an alles gedacht werden. Außerdem wollten wir auf etwaige Eventualitäten gut vorbereitet sein. Nicht einfach also und notwendigerweise mit einem gewissen Vorlauf behaftet. Damit jeder entsprechend seinen Talenten zum Einsatz kommt, sollten die ehemaligen „Bürohengste“ unter den Teilnehmern zunächst ein Ziel bestimmen, alle Widrigkeiten bewerten und ihnen mit logistischen Maßnahmen begegnen. Hauptsächlich ging es um die Streckenführung, Vorratshaltung, notwendige Medikamente und Pausenplanung. Die Handwerker und Techniker unter uns

Teilnehmern sollten dafür später in der Natur zum Einsatz kommen. So hatte jeder seinen Part entsprechend seiner Qualifikation.
Das Ziel war schnell ausgemacht. Es sollte der im Harz gelegene Brocken sein. Ein dafür gängiger Wanderweg, etwa vom Torfhaus aus, sei ungefähr 8 km lang. Der Brocken ist der höchste Berg Norddeutschlands und liegt 1.141 Meter über dem Meeresspiegel, hat eine beeindruckende Aussicht und eine interessante Geschichte. Da die norddeutsche Ebene häufig sehr flach ausfällt, erkennt man die Gebirgskuppe bereits aus weiter Entfernung, unabhängig von der Richtung, aus der man anreist. Ein lohnenswertes Ziel.

Selbstverständlich war dieses Ziel für alle Teilnehmer nicht nur für sich gesehen erstrebenswert. Es gab auch keinen, der irgendwelche Probleme auf uns zukommen sah. Immerhin gab es doch die Brockenbahn. Wer also nicht den gesamten Weg wandern wollte, könnte den Hin- oder Rückweg mit der Brockenbahn bewältigen. Dieser Gedanke stellte sich im Nachhinein als gut heraus, war jedoch bei den auf Leistung ausgerichteten, wanderhungrigen Teilnehmern überhaupt kein Thema. Zumindest meldete sich niemand, der einen Teil der Strecke fahren wollte. Wie wir später erfahren mussten, hätte es der eine oder andere besser tun sollen. Aber dazu später.
Ich war mir ob der Herausforderung zunächst nicht sicher, glaubte auch in den Gesichtern einiger meiner Wandervögel so etwas wie Skepsis angesichts der Herausforderung erkannt zu haben. Und doch meldete sich keiner zu Wort. Irgendeiner rief, mit der Eisenbahn könnte man jeden Tag fahren. Wir wollen doch schließlich wandern. Gelächter in der Runde. Damit war die Strecke verbindlich ausgemacht und die Brockenbahn kein Thema mehr. Gute Laune und so etwas wie Vorfreude machten sich breit. Der auf dem Gipfel vorhandene Ausblick würde in jedem Fall für ein paar kleine Mühen entschädigen. Bei

entsprechend gutem Wetter könne man umliegende Berge in Sachsen-Anhalt, Sachsen, Thüringen oder im Weserbergland erkennen. Vielleicht sogar noch weiter in der Ferne liegende. Der heilige Schwur, sich gegenseitig bei der Wanderung zu helfen und zu unterstützen, wurde sodann mit einer Runde Schnaps feierlich begossen.

Beim nächsten Zusammentreffen ergriff das Planungsteam das Wort. So einfach sei die Sache ja nicht, habe man inzwischen herausgefunden. Aber man habe an alles gedacht. Nur für Extremtemperaturen von plus 29 Grad im Sommer und minus 25 Grad im Winter müsse jeder selbst vorsorgen. Auch starke Winde oder Stürme seien nicht unüblich. Sollte das Wetter eine Fortsetzung der Wanderung unmöglich machen, plane man eine Zwischenübernachtung. In diesem Fall käme die Hilde aus Schierke mit dem Auto hochgefahren und würde Zelte und warme Decken bringen. Heinz, der früher bei den Pfadfindern war, würde in diesem Fall den Zeltaufbau in der Natur koordinieren. Rundherum Gelächter. Man würde doch wohl die Strecke in ein bis zwei Stunden bewältigen.
Nun aber kam der Planungsstab auf die schwierigen Begleiterscheinungen zu sprechen. Wie jedermann wisse, sei auf der Wanderung mit Fauna und Flora zu rechnen. Noch bevor einige der verdutzten Gesichter die Frage aufwerfen konnten, wer das denn eigentlich sei, ergriff Hans-Georg das Wort. Er betonte zunächst, dass er aufgrund seiner langjährigen Berufserfahrungen in einem statistischen Amt einer Kleinstadt in das Planungsteam für die Wanderung berufen wurde. Hervorzuheben sei, dass es Raubtiere gäbe. Der vor einiger Zeit angesiedelte Luchs sei in der Gegend heimisch. Jedoch könne er Entwarnung geben. Nach seinen statistischen Berechnungen sei eine Begegnung mit dem Tier recht unwahrscheinlich und betrüge etwa 1 zu 1.248.763. Ungefähr so wahrscheinlich wie ein großer Lottogewinn. Na denn …

Spürbares Durchatmen in der Runde.
Für unerwartete Begegnungen, würde aber der Karl, der einen Waffenschein besitze, sein Kleinkalibergewehr dabei haben. Karl war bis hierhin überhaupt nicht eingeweiht und deshalb etwas erstaunt. Er bemerkte, er wisse gar nicht genau, ob sein Gewehr überhaupt noch funktioniere.
Wie gesagt, sei aber eine Begegnung insgesamt wenig wahrscheinlich, erwiderte Hans-Georg. Sehr viel wahrscheinlicher sei dagegen ein Antreffen von Reptilien, genau genommen der Waldeidechse. Ausgewachsene Exemplare könnten schon einmal an die 18 cm lang werden. Jedoch sei ja der Karl dabei.
Sollte es wider Erwarten zu einer ungeplanten Zwischenübernachtung am Wegesrand kommen, seien weitere Tierarten wie der Grasfrosch, der Wiesenpieper oder die Ringdrossel in Kauf zu nehmen. Die Allergiker unter den Wanderfreunden sollten sich darauf entsprechend vorbereiten.
Für notwendige „Erste Hilfe“ habe man sicherheitshalber einen Kräuterschnaps dabei. Bevor das Informationsgespräch weiterginge, müsse der erst einmal probiert werden – auch, weil es schließlich noch ein etwas kompliziertes Thema zu besprechen gäbe … Gesagt – getan!

Der Brocken habe eine mystische Anziehungskraft. Es gäbe nicht nur das Brockengespenst. Auch mit Hexenversammlungen oder anderen ungewöhnlichen Naturereignissen sei zu rechnen. Sollte man mysteriösen Gestalten wie diesen begegnen, sei die Örtlichkeit weiträumig zu umgehen. Und wäre dies nicht schlimm genug – schließlich hielten sich hartnäckige Gerüchte, wonach die Russen wieder da seien. Früher benutzten sie den Brocken für ihre Spionagetätigkeit, heute seien sie vereinzelt oder in Gruppen überwiegend touristisch unterwegs. Um Konfrontationen zu vermeiden, würden vorsorglich einige Flaschen Wodka als Verhandlungsmasse ins Reisegepäck getan.
Da das Gepäck insgesamt aufgrund der rauen Natur und der

Vorsorge vor Naturereignissen, technischen Pannen und möglichen gesundheitlichen Problemen bereits einiges umfasse, erging noch der dringende Hinweis, alles weitere an Gepäck möglichst gering zu halten. Sofern nicht unbedingt erforderlich, sollte auf Kuchenpakete für unterwegs, einen Tischgrill sowie Unterhaltungslektüre für die Pausen verzichtet werden. Schließlich habe man keine Lastenesel zur Verfügung, noch nicht einmal Lastenfahrräder. Sollte es dennoch größere Probleme geben, würde eine eigens anberaumte mobile Eingreiftruppe in der Gaststätte in Schierke auf Abruf zur Verfügung stehen. Dank Hildes Kraftfahrzeug könnten sie relativ schnell zum Einsatzort gelangen.
Somit war alles bestens organisiert.

*****

Am Tag der Wanderung schauten alle erwartungsfroh auf die Wetteraussichten. Die waren allerdings nicht für alle optimal: 19 Grad Wärme und leichter Nieselregen um 9 Uhr früh zu Beginn der Wanderung. Immerhin war die Mehrheit mit warmen Winterjacken ausgestattet und insofern gut geschützt.
Nach der feierlichen Einnahme eines Magenbitters ertönte der Schlachtruf des Organisationsteams und es ging los.
Wir waren gerade aufgebrochen und hatten nach ca. 100 Metern die erste Kurve genommen, da stand überraschend ein bekanntes Fahrzeug vor uns am Wegesrand. Die Hilde hatte einen Imbissstand aufgestellt und die erste Stärkung vorbereitet. Es gab Wurstbrötchen und Rührei aus der Gulaschkanone. Zum Nachtisch einen Enzian, der mit Kräutern der Natur versehen war und eine Stärkung bewirken sollte. Die Stimmung war bestens. Eine gute Stunde später setzten wir unseren Weg fort.
Nach weiteren 100 Metern forderte der extreme Aufstieg ein erstes Opfer: Ernst, einer unserer ältesten Wandervögel, hatte heftige Verdauungsbeschwerden und entschloss sich schweren

Herzens nicht mehr weiterzugehen. Er ließ sich von der Hilde abholen.

Wir hatten den Ausgangspunkt noch nicht ganz aus den Augen verloren, da entschloss sich eine knappe Mehrheit, die vom ehemaligen Pfadfinder Kurt vorgeschlagene Abkürzung querfeldein zu nehmen. Dadurch sei man früher oben und entsprechend eher beim gemütlichen Teil des Ausflugs.
Ich dagegen blieb mit einigen Kameraden auf dem vorgezeichneten Weg. So trennten sich die beiden Gruppen. Wir sollten uns erst eine Woche später wiedersehen, was zu diesem Zeitpunkt noch keiner ahnen konnte. Wie später zu erfahren war, musste die abgespaltene Gruppe nach völliger Desorientierung eine Zwischenübernachtung in der Natur einlegen. Sie erreichten den Brocken nach einer weiteren Panne erst am frühen Abend des nächsten Tages gegen 19.45 Uhr.

Bedauerlicherweise verringerte sich auch die Teilnehmerzahl meiner verbliebenen G,ruppe. Während der zweiten Pause in einer kleinen Berghütte war der Günter eingeschlafen. Es gelang uns nicht, ihn wieder aufzuwecken. So setzten wir die Wanderung ohne ihn fort und hinterließen eine kurze Nachricht.
Meinen letzten verbliebenen Mitstreiter Berti musste ich kurze Zeit später auch zurücklassen. Er bekam bei ca. 400 Metern über Null Höhenangst und entschloss sich, zurückzugehen. So setzte ich meinen Weg allein fort.
Meine beiden Mitstreiter traf ich übrigens auf dem Rückweg wieder. Günter war inzwischen ausgeschlafen und saß immer noch vor der Berghütte bei einem Bier. Berti war aufgrund großzügiger Pausen auch nicht viel weiter gekommen.
Ich selbst erreichte den Gipfel nach insgesamt 4 Stunden, einschließlich der Pausen und Unterbrechungen. Die Suche nach der anderen Gruppe, die die Abkürzung genommen hatte, blieb ohne Erfolg. So wählte ich nach einer kurzen Erfrischung gleich

wieder den Rückweg.
Einen Moment lang war ich der Meinung, ich hätte den Luchs gesehen. Er tauchte kurz auf, in einer Distanz von ca. 50 Metern auf einer Lichtung, und war ganz schnell wieder verschwunden. Heinz-Georg und seine Statistik kam mir in den Kopf.
Ich nahm mir vor, ab sofort Lotto zu spielen. Nach einem weitgehend problemlosen Abstieg war auch für mich die Wanderung beendet. Ich erreichte das Ziel.

Beim darauffolgenden Kameradschaftsabend schwärmten alle von dem gelungenen Ausflug. Je später der Abend, desto heldenhafter erschienen einige der Teilnehmer mit ihrer Geschichte. Vergessen waren alle Pannen auf der Wanderung.
Die verirrte Gruppe um Pfadfinder Kurt stellte klar, sie hätten einige der Umwege und die Übernachtung ganz bewusst genommen, um die Natur intensiv genießen zu können. Die Teilnehmer meiner Gruppe schauten sich nur sprachlos an. Es gab also keinen, der es nicht genossen hätte.
Und es stimmt wirklich: Die Zahl der Heldentaten nimmt im Alter zwar nicht mehr zu, wohl aber die Erzählungen darüber.

Dorfpolitik als Hobby

„Sehr geehrter Herr Ortsbürgermeister, meine sehr geehrten Damen und Herren, liebe Mitbürgerinnen und Mitbürger, geschätzte Vereinsfreunde, liebe Kameradinnen und Kameraden, verehrte Anwesende!
Es ist mir eine besondere Freude … und warum auch nicht, … dass Sie … und wer wollte daran zweifeln … in dieser feierlichen Stunde … und lassen Sie mich das besonders hervorheben … ohne den leisesten Zweifel … aber auch in stets pflichtbewusstem Engagement, … das weiß doch keiner besser als Sie … sich nicht haben … wie sagt man … auch … auch … aber eben

auch! Das ist es doch, was wir alle meinen! Ich denke, da stimmen Sie mir zu …“ Beifall erklingt.

****

Deutschland ist eine funktionierende Demokratie. Wir sind sogar so leidenschaftlich demokratisch, dass wir uns auf Ortsebene vielköpfige Dorfparlamente leisten, die eigentlich mit Ausnahme der „Förderung der örtlichen Gemeinschaft“ im Umfang einer maximal drei- bis vierstelligen Summe nichts zu entscheiden haben, aber ihrerseits überall mitreden.
Natürlich ist das wichtig. Zunächst für das Selbstwertgefühl der Hobbypolitiker, aber natürlich vor allem für den gemeinen Bürger im Ort, der sich verstanden wissen will. Der mit seinen Anliegen auf kurzem Weg die große Politik mitbeeinflussen möchte. Klar geht er wählen und unterstützt die mittelbare Demokratie. Alle vier Jahre. Aber die Zwischenzeit ist nun einmal zu lang, um sich dauerhaft rauszuhalten. Also mischt er mit. Gefragt oder ungefragt.
Die eigentliche Zielrichtung, nämlich die Förderung der örtlichen Gemeinschaft, ließe sich sicherlich auch mit weniger Aufwand erreichen, aber die Demokratie steht nun einmal über allem.
Eigentlich alles so weit so gut … oder?
Nein, nicht wirklich. Zumindest so lange nicht, bis klar ist, was unter der „Förderung der örtlichen Gemeinschaft“ zu verstehen ist. So lange das nebulös bleibt, wird alles Mögliche gefördert. Oftmals auch primär das eigene Wohlergehen. Schließlich bringt man ja an anderer Stelle Opfer, wenn man Mandatsträger ist.

Problematisch ist auch, dass die Politikverdrossenheit stark zugenommen hat. Das spüren die Ortsparteien jedesmal kurz vor den Wahlterminen. Sie schaffen es mitunter nicht, ihre geplante Kandidatenzahl aus dem eigenen Mitgliedsbestand

zusammenzubekommen und suchen händeringend nach interessierten externen Mandatsbewerbern.
Da spielt dann auch die fehlende Parteizugehörigkeit keine Rolle mehr. Hauptsache es gibt so viele Kandidaten, wie theoretisch auch auf ihrer Liste gewählt werden können.

Hier kommt nun der pensionierte oder verrentete Mitbürger ins Spiel. Gerade aus dem aktiven Dienst- oder Arbeitsverhältnis ausgeschieden und die Aktivitäten von Hundert auf Null heruntergefahren, sucht so manch einer nach Zeitvertreib.
Warum also nicht in die Ortspolitik gehen? Politik muss ihn nicht zwangsläufig vorher schon interessiert haben. Was wie abzustimmen ist, sagt schließlich der Fraktionsvorsitzende. Da kann nichts schiefgehen.

Die Parteien nehmen Sie dankbar auf. Aber welcher Partei soll ich mich anschließen? Was sind die Ziele? Gar nicht so einfach. Also googeln. Ergebnis: Ich könnte liberal sein, freiheitlich, sozial oder christlich … oder konservativ. Egal. Wer sich zu früh festlegt, hat nachher keine Ausweichmöglichkeit mehr. Daher besser von allem etwas, aber auch nicht so viel, um in eine der Ecken gedrängt und nachher festgenagelt zu werden. Auf jeden Fall bin ich demokratisch. Immer wenn ich recht bekomme, betone ich das. Wenn nicht, wird es allerdings schwierig … Erfahrungsgemäß ist dann zu prüfen, ob gefasste Beschlüsse irgendwie wegen formaler Fehler angegriffen werden können. Darin sind Politiker allgemein sehr geübt.
Ich merke: Da muss ich noch einiges lernen.
Mitzubringen ist außerdem Sitzfleisch, Debattierlust, eine ausgeprägte Streitsucht und hier da auch Trinkfestigkeit. Kann zumindest nicht schaden, denn hinterher geht es öfter mal rund. Manchmal auch schon während einer Sitzung.
Die Angst davor, ein Thema auf der Tagesordnung nicht zu verstehen, ist im allgemeinen unbegründet. Die meisten

Ortspolitiker verstehen die Themen ihrer Sitzungen nicht. In der Regel reicht es aus, wenn ein Fraktionsmitglied schon einmal etwas von dem Tagesordnungspunkt gehört hat. Er ist dann der entscheidende Faktor.
In der Fraktion agiert man geschlossen und vertraut einander bei der Abstimmung. Hebt er also die Hand, tun es alle in der Fraktion.

Vorab bespricht man außerdem, wer das Feindbild ist. So etwas braucht man hier. Das ist mit das wichtigste Ziel der Zusammenkünfte. Sitzungen sind Krieg unter den Fraktionen. Die Inhalte stehen in ihrer Wichtigkeit sogar zurück, wenn es darum geht, der anderen Fraktion bei passender Gelegenheit einen einzuschenken. Durch die Festlegung auf eine Fraktionszugehörigkeit sind die Fronten von Beginn an geklärt. Alleingänge sind dann nicht mehr gern gesehen, unabhängig von der Sache. Schließlich gilt es auch, gegenüber den anderen ein Bild der Geschlossenheit zu demonstrieren.

Ungeübte Kommunalpolitiker fangen am besten in der Opposition an. Das macht mehr Spaß, weil es einfacher ist. Weil man keinen Plan braucht. Den haben die anderen von der Mehrheitsfraktion möglicherweise auch nicht, aber in der Opposition fällt das weniger auf. Die Abstimmungen sind sehr einfach: Man stimmt einfach gegen alles, was von den anderen vorgeschlagen wird. Ohne auf deren Argumente einzugehen.
Auch um wiedergewählt zu werden, sind Fachkenntnisse nicht zwingend erforderlich. Es reicht, beliebt und gesellig zu sein und möglichst viele Verbündete zu haben, die einem zustimmen, wenn man etwas sagt. Worin die inhaltliche Zustimmung besteht, wird je nach Lage der Dinge neu festgelegt. So wird man schwer ausrechenbar und wenig angreifbar.
Die Debattenkultur an sich ist zwar schwer auszurechnen. Man erlebt immer wieder Überraschungen. Ein Trend lässt sich

jedoch feststellen: Je schwieriger das Thema, desto schneller wird es von der Tagesordnung abgeräumt.
Während über Blumendekorationen in Amtsfluren … zweifellos wichtig … oder den optimalen Standplatz für Parkbänke um Zentimeter stundenlang gestritten wird, findet ein Thema wie etwa „Ökologische Konzepte zur strukturpolitischen Neuausrichtung in finanziell angespannten Zeiten“ kaum Wortmeldungen.
Es passt einfach nicht in das Denkschema. Zu Hause wird jeder Pfennig umgedreht, aber plötzlich keine Steuergelder mehr ausgeben dürfen, wie man will, überzeugt den gestaltungsfreudigen Mandatsträger nicht. Hier bittet er um Vertagung, enthält sich oder erwartet Vorschläge von anderen.
Zum Glück bleibt die Dorfpolitik weitgehend auf ihre kleine örtliche Gemeinschaft begrenzt. So bleibt auch der Schaden begrenzt. Und falls nicht: Wer sagt denn, dass das vorliegende größere Problem nun ausgerechnet unsere kleine Ortschaft betrifft?!
Da kommen Erinnerungen auf, als sich vor etlichen Jahrzehnten einzelne Dörfer zur atomwaffenfreien Zone erklärt haben. Offensichtlich standen bei ihnen die Parkbänke und der Blumenschmuck an der richtigen Stelle, sodass ein kleiner Abstecher in die Atompolitik des Landes möglich war.

Natürlich hat der ehrgeizige Mandatsträger seine Wiederwahl fest im Auge. Klappt das nicht, so kann er dank örtlicher Demokratieverbreiterung seine vielfältigen Erfahrungen immer noch als Bürgervertreter oder mit beratender Stimme einbringen. Sind alle Mandatsträger einschließlich der Bürgervertreter zur Sitzung anwesend, übersteigt ihre Anzahl schon einmal die des Publikums. Politikverdrossenheit halt …

An dieser Stelle soll nicht verkannt werden, dass ein Großteil der Kommunalpolitiker ihr Mandat verantwortungsvoll, ernsthaft und zum Wohl der Allgemeinheit ausüben. Demokratie auf

Ortsebene ist wichtig und ein integrierender Faktor für die dörfliche Gemeinschaft. Gleichwohl beruhen die vorstehenden kritischen Ausführungen auf eigenen Erfahrungen.

Wenn Sie an dieser Tätigkeit interessiert sind und Sie weiterhin nicht mehr einer ernsthaften Arbeit nachgehen wollen, so lassen Sie sich nicht aufhalten!
Ich selbst bin fast einmal in einem Dorfparlament gelandet. Jedoch wurde ich aufgestellt, aber nicht gewählt. Später dann sollte ich gewählt werden, ließ mich aber nicht mehr aufstellen. Zwischenzeitlich hatte ich für mich darüber eine Kosten-Nutzen-Abwägung vorgenommen, die selbstverständlich bei jedem anders ausfallen kann. Ich für mich habe entschieden, dass ich die drei Stunden Lebenszeit nicht übrig habe, die es braucht, um herauszufinden, ob ein Verkehrsschild einen Meter weiter links oder rechts auf der Straße stehen sollte.

Seniorenschwimmen

Aktiv und gesund das Alter erleben – wer will das nicht? Eine gesundheitsfördernde Bewegung vermittelt von allen sportlichen Aktivitäten am ehesten das Schwimmen. Es schont die Gelenke und vor allem den Rücken. Gleichzeitig trainiert es enorm alle Muskeln im Körper, denn das moderate Schwimmen bringt praktisch den ganzen Körper in Bewegung. Kraft und Ausdauer sind gleichermaßen gefordert. Besonders der gelenkschonende Effekt lässt Schwimmen gegenüber Jogging, Walking oder auch Radfahren als idealer erscheinen. Selbst das Pfündchen zu viel an Übergewicht ist kein Hindernis, denn das Wasser trägt und Fett schwimmt bekanntlich oben. Durch die Beanspruchung aller Muskeln wird die Fettverbrennung gefördert und es ist durchaus möglich, in einer Stunde einen Kalorienverbrauch von 1000 Kilokalorien zu erreichen. Darüber hinaus fördert Bewegung im

Wasser das allgemeine Wohlbefinden und Sie bekommen Appetit.

Was gibt es also Besseres für Senioren als das Schwimmen?! Wer sich nur schwer aufraffen kann und vor allem den Individualsport mangels Motivation nicht so gern ausübt, dem sei das Schwimmen in der Gruppe empfohlen. Gleichzeitig fördert es die sozialen Kontakte, die im Alter so wichtig sind. Man kann gemeinsam den Sport ausüben und sich dabei noch unterhalten. Das eine oder andere Problem beim Schwimmen ist nicht mehr so groß, wenn es andere auch haben oder man zumindest darüber reden kann. Gegenseitige Motivation schafft rundum gute Laune und fördert die Aktivität. Stress und Depressionen werden wirksam gekillt.

Scheuen Sie sich also nicht, schwimmen Sie! Und wenn Sie durch die Ungunst der Jahre darin ungeübt sein sollten, so ist auch schon ein Planschen im Wasser oder eine darin ausgeführte moderate Gymnastik mit ähnlichen Glücksmomenten verbunden.
Verabreden Sie sich also mit anderen Senioren zum gemeinsamen Schwimmen – oder gehen Sie zum Seniorenschwimmen! Angebote dazu vermitteln Schwimmbäder und Schwimmvereine. Im Internet werben Senioren sogar auf eigenen Homepages um neue Teilnehmer. Natürlich fragen Sie vor Beginn Ihren Arzt, ob er bei Ihnen irgendwelche Einschränkungen sieht. Angesichts der oben geschilderten Vorteile wird dies in der Regel nur selten der Fall sein. Ja …, und was Sie sonst noch brauchen, ist lediglich eine passende Badebekleidung. Jedoch Vorsicht bei Verwendung der nicht mehr ganz passenden Badehose aus der Jugendzeit, wenn Sie seitdem nicht mehr aktiv gewesen sein sollten: Durch die in der Zwischenzeit eingetretene Körperverformung lässt der Gummizug schnell nach, leiert aus und die Hose hält nicht mehr. Um ein Rutschen zu verhindern, böten sich passende

Hosenträger in wasserstoffblau oder körperfarben an. Sie fallen nicht so sehr auf. Gegen Probleme mit den Füßen helfen sehr gut Badelatschen mit Einlagen.

Wenn nun endlich alle medizinischen Vorbereitungen absolviert sind, zeigt die Lampe grünes Licht an. Nun kann es auch schon losgehen. Die passend zusammengestellte Seniorenschwimmgruppe wartet auf Sie. Und Sie werden sehen, dass jeder dort abgeholt wird, wo er sich leistungsmäßig befindet.

Der Sprecher der Seniorenschwimmgruppe begrüßt zu Beginn die Teilnehmer und bespricht mit ihnen das Programm. Da das Schwimmen unbedingt in nicht zu kaltem Wasser erfolgen muss, um den Körper vor zu schnellem Auskühlen zu schützen, wurde eine Mindest-Wassertemperatur von 39 Grad ausgehandelt. Der Gruppensprecher bittet sodann die Teilnehmer, ihre Zahnimplantate während des Schwimmens herauszunehmen, da beim letzten Mal Fußverletzungen durch ein auf dem Beckenboden liegendes vollständiges Gebiss entstanden sind. Neue Teilnehmer in der Gruppe begrüßt er herzlich und verspricht ihnen eine kurze Einweisung, in deren Folge nach einem gemeinsamen Aufwärmen sogleich das Schwimmen beginnt. Ein geselliger Abschluss winkt den Teilnehmern abschließend durch ein gemütliches Beisammensein. Gewissermaßen als Belohnung für sportliche Höchstleistungen. Es werden dazu Eisbein mit Sauerkraut und Knödel sowie eine Schwarzwälder-Kirschtorte gereicht.

Ein heikler Punkt steht den Teilnehmern des Seniorenschwimmens allerdings noch bevor. Bekennende Nichtschwimmer müssen sich an dieser Stelle outen. Zur Sicherheit bekommen Sie wahlweise einen großen Schwimmreifen oder Schwimmflügel angelegt. Wer dies aus ästhetischen Gründen oder aus grundsätzlichen Bedenken heraus ablehnt, darf lediglich das

Kinderbecken mit einer Poolnudel betreten.

Nun aber geht es wirklich los. Es beginnt mit dem gemeinsamen Aufwärmen am Beckenrand. Hierzu können alternativ ein bis zwei leichte Dehnübungen durchgeführt oder aber eine kurze Verweildauer unter dem eingeschalteten Heißluftföhn an der Wand gewählt werden.
Der anschließende Weg ins Wasser führt über eine verbreiterte Kinderrutsche, die es sportlich zu erklimmen gilt. Teilnehmer mit Problemen rollen sich über eine Liegeposition direkt selbst in das Wasser oder bekommen dazu hilfsweise einen leichten Stoß vom stets ansprechbaren Bademeister. Zwei weitere Bademeister stehen im 40 cm tiefen Becken und können im Bedarfsfall eine Auffanghilfe sein, um ein Ertrinken zu verhindern.

Für das eigentliche Schwimmen begibt sich die Gruppe dann in ein direkt daran anschließendes Becken mit einer Wassertiefe von 1,20 m. Kleinwüchsige Teilnehmer haben die Möglichkeit, zur eigenen Sicherheit im 40 cm tiefen Becken zu verbleiben. Für das nun folgende gemeinsame Schwimmen sollte mindestens einer der vier Gliedmaßen, besser zwei, koordiniert eingesetzt werden können. Dabei ist es unerheblich, welche Schwimmdisziplin ausgeübt wird. Die meisten Teilnehmer entwickeln im Laufe der Zeit ein Freistilschwimmen, das zwar nicht mehr viel mit der ursprünglichen olympischen Disziplin gemein hat, aber doch das Vorankommen im Wasser irgendwie ermöglicht. Sportliches Minimalziel bleibt das einmalige Durchqueren des Schwimmbeckens auf einer Länge von insgesamt sechs Metern.
Erreichen die Teilnehmer den Beckenrand gegenüber, werden sie aus dem Schwimmbecken geholt. Im Bedarfsfall steht dafür eine Seilwinde mit einem Wassersitzkorb zur Verfügung. Anschließend gilt es die Vollzähligkeit der Seniorenschwimmerinnen und -Schwimmer festzustellen. Sollten es weniger als beim

Eintreten in die Schwimmhalle sein, ist einer der Bademeister zu benachrichtigen, der daraufhin das 0,40 m- und das 1,20 m-Becken absucht. Nicht immer muss dabei an das Schlimmste gedacht werden. Das bei Senioren nachlassende Durstgefühl und ihr dehydrierter Körper sorgen dafür, dass eventuell zusätzlich aufgenommene Flüssigkeit in geringen Mengen noch kein Problem darstellt. Sehr viel häufiger sind Abweichungen bei der Teilnehmerzahl auf ein plötzlich auftretendes Schlafbedürfnis zurückzuführen. Einzelne Teilnehmer folgen dann nicht mehr den Schritten der Gruppe und liegen am Beckenrand. In der Regel lässt sich anschließend die Vollständigkeit der Gruppe wieder herstellen.

Es folgt das gemeinsame Ankleiden nach einer kurzen Körperreinigung. Saubere Wäsche ist daher dringend mitzubringen. Aber es drohen auch hier weitere Risiken. Beispielsweise die Verwechslungsgefahr, wenn statt der Einzelumkleidekabine eine Sammelumkleidekabine gebucht worden ist. Kommt Ihnen nach Rückkehr das eine oder andere Kleidungsstück fremd vor, so kann dies durchaus auf das gemeinsame Umziehen zurückzuführen sein. Bewerten Sie es positiv. Die eigene Garderobe kann häufig eine Belebung oder Bereicherung vertragen. Und nehmen Sie Verluste auch hier sportlich. Beim nächsten Besuch der Seniorenschwimmgruppe schauen Sie am besten gleich bei der Begrüßung, ob sich das eine oder andere Schnäppchen machen lässt und positionieren Sie sich in der Umkleide nahe der Beute. So kompensieren Sie frühere Verluste.

Der Schwimmtermin endet schließlich mit dem gemütlichen Beisammensein. Deftige Kost stärkt die entkräfteten Schwimmer und Schwimmerinnen und macht zum Abschluss den einen oder anderen hochprozentigen „Absacker“ erforderlich. Es gilt dabei aufzupassen, dass sich das Wohlgefühl des Absackens ausschließlich auf den Magen- und Darmbereich erstreckt und nicht den ganzen Körper betrifft. Organisieren Sie also besser vorher

bereits Ihren späteren Abtransport.
In jedem Fall gehen Sie mit dem guten Gefühl nach Hause, etwas für Ihre Gesundheit und die körperliche Fitness getan zu haben. Und sollte die sportliche Höchstleistung nicht ganz erreicht worden sein, so kann in der häuslichen Badewanne bis zum nächsten Seniorenschwimmen ein intensives Training zwischengeschaltet werden. Nun ist er wieder zum Leben erweckt worden – der Leistungsgedanke. Mit dem festen Willen im Gepäck hält er frisch und agil. Ganz wichtig im Alter.

Vatertag einmal anders

Gerade ist wieder Himmelfahrt – der Vatertag. Und wie jedes Jahr ziehen mit reichlich Alkohol gefüllte Bollerwagen an meinem Fenster vorbei. Begleitet werden die Trecks von einigen grölenden Anführern mit einer geöffneten Flasche Bier in der Hand. Es sind keine älteren Männer, eher überwiegend jüngere. Sie geben sich freizügig und genießen die Narrenfreiheit, die dieser Tag mit sich bringt: Einfach mal sinnentleerte Parolen zu grölen, während sie dazu laute und übersteuerte Musik aus alten Ghettoblastern laufen lassen. Aufmerksamkeitsheischend, prollig, übermütig, albern. Dazu ein überlegener Gesichtsausdruck, der so wirken soll, als hätten sie gerade Heldentaten vollbracht. Am sogenannten Vatertag geht das morgens um 9 Uhr los. Die ersten haben dann bereits mindestens ein Bier auf nüchternen Magen getrunken und geben ihre Schlachtgesänge zum Besten. Der Tag steht bei ihnen ganz im Zeichen exzessiver Trinkrituale. Für die Leber ist das ein Belastungstest.

Neben dem reichlichen Alkoholgenuss lassen sie sich hemmungslos gehen, pöbeln und geben mit zunehmender Trunkenheit ein höchst peinliches Bild ab, wenn sie ungelenk versuchen,

geradeaus zu gehen oder richtig zu singen.
Die allermeisten der umherziehenden Trinker sind keine Väter, so die auf Erfahrung beruhende Vermutung, nehmen aber gleichwohl den Feiertag für sich in Anspruch. Ein vermeintlicher Widerspruch. Diese Diskrepanz umgehen einige der ostdeutschen Bundesländer, indem sie dafür die Bezeichnung „Herrentag“ oder „Männertag“ verwenden. Somit bedarf es keines Vaterschaftstests um teilnehmen zu können. Natürlich gönne ich allen die Freude. Leben und leben lassen. In unserem Land gibt es die Freiheit, auch einmal doof sein zu dürfen, vorausgesetzt, andere kommen dadurch nicht zu Schaden.
Nun ist der Straßenkarneval an diesem Tag nur die eine Seite der Wahrnehmung. Viele von uns anderen feiern den Tag innerhalb der Familie und mit der Familie. Weil das nicht öffentlichkeitswirksam und laut anpreisend vor sich geht, wird diese schweigende Mehrheit häufig vergessen. Andere wiederum freuen sich schlicht auf einen arbeitsfreien Tag und tun bewusst nichts. Warum auch nicht?!
Dabei spielen die ursprünglich christlich-religiösen Hintergründe dieses Tages häufig nur eine untergeordnete Rolle.

Vor einigen Jahren sind wir auch noch losgezogen. Einfach, um bei dem schönen Wetter mit dem Fahrrad unterwegs zu sein. Wir … das bin ich und ein paar Freunde. Keine Lautsprecher, keine Krawallbrüder. Ruhige Vertreter. Natürlich waren eine Proviantkiste, etwas Büchsenbier und ein paar Flachmänner mit an Bord. Davon aber überschaubare Mengen, die nicht geeignet waren, größeren Schaden anzurichten. Nun ist Fahrradfahren im alkoholisierten Zustand auch nicht unproblematisch. Schließlich begeht man ab 1,6 Promille bereits eine Straftat. Allerdings muss man sich diesen Wert auch erst einmal erfolgreich antrinken.
Ich hatte meine beiden Freunde, Hadi und Peterchen, dabei. Beides geübte Radfahrer – wenn sie nüchtern sind. Jedoch nicht im leicht alkoholisierten Zustand. Wir waren noch gar nicht lange

unterwegs, da kam uns auf einem Feldweg eine Frauengruppe entgegen. Ebenfalls auf Fahrrädern. Die unebene Wegstrecke ließ den Hadi in einem unachtsamen Moment über einen größeren Stein fahren. Dabei verzog er das Lenkrad und stieß frontal mit einer Radfahrerin der Frauengruppe zusammen. Während sie ihr Rad unter Kontrolle hatte, stürzte der Hadi und lag im Staub des Feldweges. Dabei schlug er sich leicht das Knie auf. Es blutete und er fluchte etwas Unverständliches vor sich hin.
Wir hielten an und halfen ihm auf die Beine. Die Frauen hatten Pflaster dabei. Eine von ihnen outete sich als Arzthelferin und wies auf die vorherige Reinigung der Wunde hin. „Hadi, beiß mal die Zähne zusammen“, riet ich ihm, denn sie zog einen Wodka-Flachmann aus ihrer Handtasche. Vorab gaben wir ihm einen Schnaps aus unseren Beständen als Narkosemittel. Daraufhin beruhigte er sich etwas. Sodann wurde sein Knie mit dem Wodka desinfiziert. Dabei schrie er auf. Anschließend bekam er ein Pflaster aufgeklebt.
Erst hiernach machten wir uns miteinander bekannt. Während Hadi sich bedankte und dabei etwas über sein Unglück fluchte, fragte Peterchen, ob die Frauengruppe denn so etwas wie eine Gegendemo zum Vatertag sein wollte. Nein, erwiderten sie. Ihre Männer seien halt auch unterwegs. „Und ihr? Soll das überhaupt eine Vatertagstour sein?“, fragten sie zurück. Ungläubig sahen sie uns drei an.
„Seid ihr überhaupt Väter?“, schob eine von ihnen nach, während die anderen lachten. Peterchen lächelte weltmännisch und machte eine souveräne Handbewegung. Er wisse es nicht genau, behauptete er mit stolz geschwellter Brust. „Vielleicht … vielleicht aber auch nicht“, gab er sich geheimnisvoll. Ein Raunen in der Frauenrunde war die Reaktion. Peterchen war Junggeselle, jedoch allem gegenüber nicht abgeneigt. Das brachte er damit deutlich zum Ausdruck.
Hadi erklärte, er habe noch nie etwas mit Frauen gehabt. Daraufhin schauten sie ihn mitleidsvoll an. Nein, nein … stellte er

richtig: Er stehe nicht so auf Frauen.
„Ach so …“ Vielsagendes Kichern in der Frauenrunde. „Und Du …?“, fragten sie mich und deuteten auf Hadi. „Bist Du der andere … mit ihm … und so …?“ Ich schüttelte heftig den Kopf. „Nein, nein … Ich bin … Opa!“ Etwas Gescheiteres fiel mir gerade nicht ein. „Oh …“, erklang es bei einigen von ihnen. Es kamen aber auch keine Rückfragen mehr. Sie fuhren weiter.
Für uns war die Fortsetzung der Fahrt an dieser Stelle nur noch unter erschwerten Bedingungen möglich. Die Proviantkiste lag im Wassergraben neben dem Weg, denn sie war auf Hadis Fahrrad gewesen. Die Sandwiches und Bratwürste darin wohl unbrauchbar. Sie waren direkt in das modrige Wasser abgerutscht. Einige Mücken, Fliegen und anderes Kleingetier umkreisten bereits den Braten. Hadi hatte ob seiner Verletzung auch keine Lust mehr auf Weiterfahrt und schlug vor umzudrehen. Missmutig willigten wir ein.
Es war bis dato die letzte Vatertagstour von uns. So ganz gehörten wir auch nicht dazu. Wir waren weder die geeigneten Kampftrinker, noch ließen wir uns zum Jungvolk der Möchtegern-Väter dazurechnen. Und wenn schon Frauengruppen, die ebenfalls unterwegs sind, glauben, wir seien im falschen Film, dann lassen wir es lieber ganz bleiben.
Seitdem grillen wir an den Vatertagen im Garten. Mal bei Hadi, mal bei Peterchen, mal bei mir. Das ist zwar nicht so sportlich und auch nicht sonderlich aufregend, aber weitgehend verletzungsfrei und ohne Stress. An solchen Tagen ist auf den Straßen und Wegen einfach zu viel los.
Und wenn uns dann die „echten“ Vatertagsrecken von der Straße aus zurufen, wir seien Langweiler, mit uns sei nichts los, halten wir dagegen und erklären schlicht und einfach, dafür ist am Morgen danach mit euch nichts los. So setzt halt jeder seine Prioritäten.

Wir retten das Fernsehen - Das TV-Angebot im Wandel der Zeit

Das Fernsehen begleitet meine Generation von Kindesbeinen an. Die Geschichte des Fernsehens in Deutschland begann lange vor meiner Zeit. Bereits 1935 im Deutschen Reich. Der Regelbetrieb und die anschließende massenhafte Verbreitung folgten jedoch erst nach dem Zweiten Weltkrieg: Sowohl die DDR als auch die Bundesrepublik begannen im geteilten Deutschland jeweils 1952 mit der Ausstrahlung von Fernsehprogrammen. Das ist nunmehr 70 Jahre her. Eine lange Zeit, in der sich an den Fernsehgewohnheiten einiges geändert hat.
Ursprünglich war das Fernsehen mit einigen wenigen Programmen gestartet, genau genommen mit Dreien: ARD und ZDF gemeinsam mit einem Regionalsender in Westdeutschland. Damals gab es auch noch einen Sendeschluss gegen Mitternacht. Ab da an blieb der Bildschirm bis zum nächsten Tag schwarz. Heute nicht mehr vorstellbar.
Ohne Internet war das Programmangebot für die Babyboomer-Jahrgänge in ihrer Jugend und jungen Erwachsenenzeit überschaubar, das Freizeitverhalten ein anderes als heute. Da trieb es den Mann in die Kneipe und die Frau zum Kaffeeklatsch mit Freundinnen. Während sich der Kaffeeklatsch über die Jahre gehalten hat, kämpfen die traditionellen Dorfkneipen heute inzwischen um das Überleben. Stammtische sind seltener geworden.
Was früher beim Kaffeeklatsch verhandelt wurde, kommt heute über die Endlos-Serien, Doku-Soaps und Talkshows zum Endverbraucher. Sozusagen nur in einer etwas anderen Darreichungsform. Da geht es um so wichtige Fragen wie „wer hat was mit wem …, meine Tochter hört nicht auf mich und ob man die Bratkartoffeln vor dem Braten kochen muss."
Überhaupt scheint sich in der Medienlandschaft fast alles nur noch um Beziehungsprobleme und Kochrezepte zu drehen.

Daneben bestimmen eine gehörige Portion täglicher Promiklatsch sowie diverse Selbstverwirklichungsneurosen das Bild. Und natürlich werden die Macken des jeweiligen Partners detailliert aufgelistet und öffentlichkeitswirksam seziert. Der Begriff des Promis wird mittlerweile sehr weit ausgelegt. Netzaktive Selbstdarsteller, heute Influencer genannt, und Leute, die jemanden kennen, der bei einem Fernsehsender mal die Fenster geputzt hat, gehören fast zwangsläufig bereits dazu.

Währenddessen trieb es den Mann in die besagte Kneipe an den Stammtisch. Aber da ging es nicht besser zu. Statt Kochrezepten ging es um die Qualität von Bier und Schnaps, um Bundesligafußball, um Frauengeschichten, anzügliche Witze und natürlich um die Macken der Partnerin.
Für viele der in den 80er- und 90er-Jahren Geborenen ist dieses „alte" Leben bereits nicht mehr vorstellbar. Sie kennen stattdessen eine multimediale Dauerpräsenz und ein unerschöpfliches Angebot an Filmen sowie Musik durch das Internet. All dies ersetzt vielfach Kommunikation und Begegnung. Die Unersättlichen unter ihnen kaufen sich zusätzlich ein kostenpflichtiges Streamingprogramm eines Medienunternehmens dazu und haben damit Kino in ihren eigenen vier Wänden, wann immer ihnen danach ist. Der damit einhergehende Verzicht auf öffentlich-rechtliches (Bildungs-) Fernsehen geht allerdings massiv zulasten der Information. Ein Trend, der besorgniserregend ist. Desinformation oder Informationsverzicht macht anfällig für Fake News. Fernsehen hatte stets auch einen Bildungs- und Informationsauftrag. Der Verzicht darauf und die durch Medienmanipulation entstehenden Fake News stellen eine reale Gefahr für den sozialen Frieden dar. Abgesehen davon sorgen sie für den Umlauf unsinniger Falschmeldungen. Die Falschmeldungen an sich sind nicht das Problem, würde man sie ignorieren. Das Problem sind aber diejenigen, die Falschmeldungen als Wahrheit ansehen.

Selbstverständlich ist es prinzipiell gut, wenn man sein eigener „Programmdirektor“ sein kann, aber die Mischung macht’s. Nicht nur seichte Unterhaltung, sondern auch Information, Bildung und Kultur sind der empfohlene Mix.
Glaubt man den Studien über das Medienverhalten, bleibt allerdings die klassische Fernsehnutzung in Deutschland trotz des Wettbewerbs mit anderen Medienangeboten wie vor allem dem Internet im langfristigen Vergleich insgesamt stabil. Das geht aus einer Untersuchung von Camille Zubayr und Heinz Gerhard über die Fernsehgewohnheiten im Jahr 2017 hervor, deren Ergebnisse unter dem Titel „Tendenzen im Zuschauerverhalten“ in der Ausgabe von „Media Perspektiven“ (3/2018) veröffentlicht wurden.
Gleichwohl wird dem traditionellen Fernsehen eine düstere Zukunft vorausgesagt. Immer mehr Zuschauer wollen selbst entscheiden, wann und was sie sich ansehen. Das spricht sehr deutlich für eine weitere Zunahme der Streamingdienste und eine Abkehr vom klassischen Fernsehen.
Eines wird aber auch deutlich: Es gibt eine Differenz zwischen den Generationen bei der klassischen Fernsehnutzung, und die nimmt stetig zu. Danach treibt es besonders Jugendliche und junge Erwachsene zu alternativen Anbietern sowie Internet- und Streamingplattformen. YouTube bietet schließlich so ziemlich alles und kostenlos, sofern der Internetanschluss vorhanden ist.
Auch inhaltlich hat sich vieles gewandelt. Leichte Kost wie Endlos-Serien, Reality-TV und Doku-Soaps bestimmen das Bild. Dazu kommen Sportübertragungen rund um die Uhr, selbstverständlich alles auch noch x-mal wiederholt. Schließlich gilt es, 24 Stunden-Programme zu füllen. Schwer erträglich ist außerdem das Teleshopping mit hartnäckig dauergrinsenden Präsentatoren, bei denen man sich immer wieder fragt, ob sie tatsächlich glauben, was sie erzählen.

Die große Unterhaltungsshow für die ganze Familie, mit der

viele in den 70er- und 80er-Jahren aufgewachsen sind, gibt es nicht mehr. Das Familienbild hat sich schließlich auch gewandelt. Single-Haushalte sind weiter ansteigend. Auch Patchworkfamilien nehmen zu. Talkshows und Comedy boomen daneben seit Jahrzehnten.

Und die Senioren? Die Gruppe der Fernsehnutzer mit 50 plus? Sie machen den Unterschied aus! Sie retten das klassische Fernsehen! Wer auch sonst?! Die Fernsehnutzung steigt bei Menschen über 50 Jahren stetig an. Bei Menschen über 65 Jahren noch deutlicher. Das Programm hingegen sucht noch nach jüngeren Zielgruppen, erkennt aber so langsam die Bedeutung der wachsenden älteren Generation.
Hoffen wir also auf altersgerechte Inhalte, wie zum Beispiel Serien über Beziehungsprobleme in der Senioren-WG, Gesundheitsmagazine zu jeder vollen Stunde und Talkshows, deren Gäste das Mindestalter von 60 Jahren erreicht haben müssen. Na denn …

Urlaub genießen

Auslandsurlaub

Ich fühle mich oftmals urlaubsreif. Wer würde das nicht sofort unterschreiben? Immer mal wieder kommen wir an diesen Punkt und stellen fest: Wir brauchen Urlaub. Tatsächlich sind die Urlaubsreisen seit dem Coronaausbruch zurückgegangen. Der Aufholbedarf ist in jedem Fall da.

Aber dürfen Senioren überhaupt Urlaub machen, wenn sie nicht mehr arbeiten? Falls ja, müssen sie dann nicht wenigstens dabei ein schlechtes Gewissen haben?

Diese und ähnliche Fragen halten sich immer noch hartnäckig. Dabei wird übersehen, dass Urlaub nicht ausschließlich die Belohnung für eine Erwerbstätigkeit darstellt und daraus seine Rechtfertigung bezieht, sondern dass Urlaub die Ablenkung vom Alltagsleben ermöglichen soll. – Ganz egal, wie das Alltagsleben aussieht. Es geht darum, die routinierten Verpflichtungen des täglichen Daseins eine Zeit lang beiseite zu schieben und einen nicht durchgeplanten Tag entspannter zu erleben. Häufig verbunden mit einer Zunahme verschiedener kulinarischer oder kultureller Annehmlichkeiten. Viele mögen es dabei bequem und lassen die Seele baumeln.
Jede Art von Anstrengung wird bewusst vermieden. Faulenzerurlaub.
Andere hingegen brauchen auch etwas „für den Kopf“ und bevorzugen die Sightseeing-Variante. Diese Zeitgenossen müssen auf der Wanderung quer durch Andalusien jeden Kirchturm besichtigt haben, bevor Zufriedenheit entsteht.

Was Sie auch immer favorisieren – Urlaub steigert das Wohlbefinden und ist für jedermann gedacht. Das schlechte Gewissen brauchen Sie nicht zu haben. Arbeit zu definieren kann außerdem sehr vielschichtig ausfallen. Homeoffice, Tätigkeiten am und im Haus, Betreuung Angehöriger sowie jedwede freiberufliche Tätigkeit fallen längst auch darunter.

Wenn Sie für sich darüber hinaus feststellen können, sie hätten sich den Urlaub besonders verdient – warum auch immer –, so gewinnen Sie daraus zusätzlich eine Selbstbestätigung. Bescheinigen Ihnen das auch noch Ihre Freunde, denen Sie davon erzählen, ist das Glück perfekt.

So schön kann Urlaub sein … Wirklich???

Wie steht es aber nun um die Urlaubsgewohnheiten von Senioren? Was zeichnet sie aus? Machen wir den Faktencheck.

Faktencheck

Urlaubsreisen sind besonders unter Senioren beliebt. Sie verfügen über eine größere zeitliche Flexibilität. Das weiß auch die Tourismusbranche. Folglich gibt es eine Vielzahl von Angeboten, die Reisen nicht nur für Familien, sondern auch für Alleinstehende im Alter ermöglichen. Dabei sind Altersgebrechen kein Hindernis. Bei sorgfältiger Planung können auch Menschen mit gesundheitlichen Einschränkungen Urlaubsabenteuer erleben. Im Bedarfsfall lassen sich Reisebegleitungen einfach dazu buchen. Im Falle einer Gruppenreise ist man etwa unter Gleichgesinnten und hilft sich gegenseitig.

Seniorengerechte Hotels ermöglichen Urlaubsgenuss ohne Einschränkungen, indem zum Beispiel barrierefreie Zugänge, Fahrstühle oder speziell ausgestattete Badezimmer vorgehalten werden. Egal, ob Strandurlaub in gut erschlossener Region oder die gewünschte Städtetour – niemand muss darauf verzichten.

Das klingt doch prima! Und trotzdem glückt erholsamer Urlaub nicht immer. Einige touristische Angebote gleichen einem Aktienkauf. Sie enthalten Risiken, verbunden mit Chancen. Bleiben Sie im eigenen Land, ist das Risiko überschaubar. Reiseweg, Verpflegung, Infrastruktur, medizinische Leistungen bei Bedarf – alles kein Problem.
Den besonderen Reiz stellen jedoch Auslandsurlaube dar, vornehmlich als Flugreise. Fliegen macht Spaß. Jedenfalls war das früher einmal so. Inzwischen ist es ein Härtetest, denn die Begleiterscheinungen, der Service und die Wartezeiten haben sich in den letzten Jahren und besonders dieses Jahr deutlich verschlechtert.
Mittlerweile muss sich der Flugreisende nicht später als drei Stunden vor dem Abflug auf dem Flughafen einfinden. Da beginnt der Urlaub schon einmal mit gepflegter Langeweile angesichts des stundenlangen Wartens in der Flughafenhalle. Begründet wird das mit … ja, womit eigentlich? Corona? Unwahrscheinlich. Vermutlich geht es eher um die Absatzförderung der Duty-Free-Shops und der überteuerten Gastronomie vor Ort. Senioren können die Wartezeit für die notwendige Gebrechlichkeitspflege nutzen, also Tabletten einwerfen, Hautcremes auftragen und Kompressionsstrümpfe anlegen.
Wenn man sein Abflugterminal betreten möchte, sind mitgebrachte Getränke zurückzulassen, um sich kurz darauf für erhöhte Preise genau selbige wieder zu kaufen. Da kann man vor Verärgerung schon trotzig werden und jeglichen Kauf verweigern. – Gut, kein Problem … nur … zu essen gibt es an Bord seit einigen Jahren auch nichts mehr. Zwangsdiät direkt vor dem Urlaub. Nicht das Schlechteste, zumal im Urlaub in der Regel am Büfett stets gut zugelangt wird. Das holt man also wieder auf.
In einem Fall ist es sogar eher günstig, dass es nichts zu essen gibt. Eins der früheren Standardgerichte an Bord der Flugzeuge waren die sogenannten Käsenudeln. Eine Art Pasta mit einer käsedurchtränkten und streng riechenden Soße. Wenn seinerzeit

nur eine Handvoll der Fluggäste dieses Gericht bestellt hatte, war das ganze Flugzeug vom Essensgeruch derart ausgefüllt, dass einem der Atem wegblieb. Bisweilen war der Geruch so penetrant, dass er mich an meine Jugendzeit im Fußballverein erinnerte. Der Geruch der dampfenden Käsenudeln im Flieger kam dem in den Umkleidekabinen nach dem Fußballspiel sehr nahe.

Aber nicht nur die fehlende Verpflegung an Bord ist eine Herausforderung.
Zu den weiteren „Annehmlichkeiten" zählen ein bis auf den letzten Platz voll besetztes Flugzeug, mangelnde Beinfreiheit aufgrund der engen Sitze, inzwischen auch Vollmaskierung während des gesamten Fluges sowie diverse Ein- und Ausreiseformulare aufgrund der Corona-Pandemie. Wer das alles über sich hat ergehen lassen und es bewältigen konnte, der hatte sich seinen Urlaub redlich verdient. Die Lockerungen in diesem Sommer sind zwar inzwischen wieder eingetreten – aber der Herbst könnte alle Beschränkungen erneut zurückbringen.
Wer übrigens mehr Beinfreiheit benötigt, der buche die Mittelreihe beim Notausstieg im Flieger gegen einen Aufpreis. Dort sind die einzigen Plätze, die ein etwas bequemeres Sitzen ermöglichen. Weil dort vor den Sitzen etwas Platz ist, treffen sich an dieser Stelle für gewöhnlich jedoch alle Reisenden mit schreienden Säuglingen auf dem Arm. So wohnt man direkt dem verzweifelten Versuch bei, die Kinder zur Ruhe zu bringen und kann mit rund 40 Jahre alten Ratschlägen unmittelbar helfen. Für Stimmung ist in jedem Fall gesorgt. Sie sitzen bequem, sofern niemand über Ihre ausgestreckten Beine stolpert, aber Ruhe haben Sie nicht.

Den fehlenden Schlaf beim Fliegen holt man als Pauschalurlauber am besten im Zubringer vom Flughafen zum Hotel nach. Die für den Bustransfer zum Hotel im Katalog angegebene Zeit

stimmt in den seltensten Fällen und kann sich schon mal verdoppeln oder verdreifachen. Mindestens.
Für Verzögerungen sorgen garantiert die übrigen Mitreisenden beim Ein- und Aussteigen durch ihre ausufernden Begrüßungs- und Verabschiedungsrituale sowie diverse Haltepunkte, die in diesen Zeitangaben auch nicht berücksichtigt sind. Völlig übermüdete Reisende lassen sich dann aber auch von der landestypischen Musik aus dem Radio des Busfahrers nicht stören. In südlichen Urlaubsländern erreicht die Temperatur in den wenig bis nicht klimatisierten Bussen schon einmal 30 bis 35 Grad Celsius.

Um den Urlaub nach Ankunft dann endlich richtig genießen zu können, sollte man nicht zu kleinlich beim Abgleich zwischen den Katalogangaben über das gebuchte Hotel und der vorgefundenen Wirklichkeit sein. Klimaanlagen, WLAN im gesamten Hotel und deutsches Fernsehen funktionieren theoretisch schon … aber nicht gleichzeitig und überall. Lassen Sie sich lieber auf das besondere Flair Ihres Urlaubslandes ein und nutzen Sie die Vorteile Ihres dortigen Aufenthalts, indem Sie sich offen und kompromissbereit geben, auch wenn mal etwas kritikwürdig erscheint. Wenn Sie Ihr Urlaubsland richtig gewählt haben, profitieren Sie unmittelbar.
So bekämpfen Mittelmeerurlauber Ihre Verdauungsprobleme mit scharf gewürzten orientalischen Fleischspeisen. Der Effekt ist schnell erreicht und hat bisweilen durchschlagende Wirkung. Sonnenallergiker wählen England als Urlaubsdomizil. Am besten zur Regenzeit. Nach dem Kalender sind das 10 von 12 Monaten. Das landestypische Frühstück auf der britischen Insel hilft außerdem bei dem Vorhaben, im Urlaub etwas abzunehmen. Wenn Sie sich mangels ausreichender Fremdsprachenkenntnisse in Ihrem Urlaub unbedingt auf Deutsch verständigen wollen, stehen Ihnen allerdings nicht so viele Reiseziele zur Verfügung. In Deutschland wären dies immerhin alle Bundesländer mit Ausnahme von Bayern und Sachsen. Im Ausland haben Sie dafür die

Insel Mallorca. Die einladenden Angebotstafeln vor den Restaurants und Bars sind bereits seit den 70er-Jahren auf Deutsch – oder was man für Deutsch hielt – beschrieben und in einigen Familienunternehmen bis heute nicht geändert worden. Man schrieb so, wie man dort spricht. Also wie der Mallorquiner in den 70er-Jahren begonnen hat, Deutsch zu sprechen.
Über die seitdem erfolgten Rechtschreibreformen macht man sich mit südländischer Gelassenheit keine Gedanken. Es ist doch auch Urlaub. Und der sprachlich auf Deutsch beschränkte Pauschaltourist kann schließlich mit dem Finger auf das gewünschte Produkt zeigen. So ist noch jeder vor Ort satt und bis zum Ende der Aufnahmekapazität mit geistigen Getränken seiner Wahl versorgt worden.

Vor Ort hat man als Pauschalurlauber nun endlich Zeit zu relaxen. – Es sei denn, man lässt sich zu einer oder mehreren Ausflugsfahrten überreden. Neben dem angekündigten Reiseziel, das zumeist in der Besichtigung irgendeiner mehr oder weniger bedeutsamen Kulturstätte besteht, lockt bestimmt eine Verkaufsveranstaltung, die in puncto Dreistigkeit die hierzulande bekannten Kaffeefahrten noch übersteigt. Festgehalten in einem Schmuck- oder Teppichtempel, werden Sie gnadenlos von einer geschulten Verkaufsmaschinerie traktiert, bis es zu einem Verkaufsabschluss kommt … oder Ihnen die Flucht gelingt.
Kaufen Sie etwas, dürfte eine spätere Reklamation vergeblich und jedwede Garantieleistung problematisch werden. Aber vielleicht sieht der eine oder andere sinnfreie Artikel ganz hübsch aus, wenn man ihn als Andenken zu Hause in eine Ecke stellt.

Essen und Trinken sind im Urlaub stets ein Genuss, zumal die Büfetts in der All-Inclusive-Variante stets reichlich ausgestattet sind. Da macht es nichts, wenn man das Wenigste davon kennt. Mutige probieren sich einfach durch. Zuweilen ist es sinnvoll, nicht zu wissen, was man isst. Es schmeckt dann einfach besser.

Den Speiseplan bestimmen Gemüsesorten, die hierzulande nicht wachsen und Fleisch von Tieren, die auch bei großzügiger Auslegung nicht mehr der Kategorie der Haustiere zugeordnet werden können.
Für alle Unerfahrenen gilt es jetzt, Härte zu zeigen. Es passt schlicht nicht zusammen, wenn man vor dem Fernseher sitzend, bei den Essensproben im Dschungelcamp damit prahlt, man würde dort alles essen und am Buffet im 3-Sterne-Hotel die Innereien hier lebender Tiere verschmäht. So geht es ja nun wirklich nicht …!!!

Ältere Menschen sind gut beraten, auf ausreichende Flüssigkeitszufuhr zu achten. Ihr Trinkverhalten ist häufig unzureichend. Ein unterschätztes Problem. Besonders im Urlaub in heißen Gegenden sollte auf ausreichendes Trinken geachtet werden. Hier entfaltet der All-Inclusive-Urlaub seine besonderen Vorteile. Nahezu jedes vorhandene lokale Getränk und diverse internationale Flüssigkeiten von Rang und Namen stehen uneingeschränkt zur Verfügung. Lassen Sie sich verlocken. Hier muss niemand verdursten. Wegen gesundheitlicher Gefahren sollten schwere alkoholische Getränke jedoch nicht vor 10 Uhr vormittags eingenommen werden. Kenner schätzen die Abwechslung und die vorhandenen Möglichkeiten. Sie kombinieren verschiedene Longdrinks miteinander, was sie zu Hause niemals tun würden. Dadurch entfalten sich völlig neue Geschmacksrichtungen.
Bei ausreichender Zufuhr finden Sie einen zeitnahen Tiefschlaf und lassen sich dabei auch nicht von feierwütigen Gästen auf dem Nachbarbalkon stören, wenn diese die Nacht zum Tag machen sollten.
Angesichts der zuletzt stagnierenden Urlaubszahlen bei All-inclusive-Angeboten war die Tourismusbranche aus wirtschaftlichen Gründen gezwungen, sich neue Kundenkreise zu erschließen. Besonders die Generation 50+ zeigte sich des Öfteren

reisemüde. Neben einer zunehmenden Bequemlichkeit war es die gewohnte Nahversorgung mit altersgerechten Lebensmitteln, Pflegeprodukten und Medikamenten, die die Senioren abhielten, die gewohnte heimische Umgebung zu verlassen. Darüber hinaus fehlte es Ihnen an Kondition und Durchhaltevermögen, um bei nächtlichen Feiern und traditionellen Trinkspielen am Pool mit den jüngeren Urlaubern mithalten zu können.

Nun aber haben die Reiseanbieter darauf reagiert und ihre All-Inclusive-Angebote um einige notwendige Bestandteile ergänzt. Das bislang schon reichhaltige Verpflegungsangebot wird um ein „Seniorenbuffet“ ergänzt, das ausschließlich pürierte Kost enthält. Begleittafeln informieren ausführlich über die Inhaltsstoffe, die nach dem Püriervorgang nun wirklich nicht mehr zu erahnen sind. Genau genommen ist ohne die Begleittafeln überhaupt kein Gericht zu erkennen. Auch nicht am Geschmack.

Ein ansprechender Flyer informiert zudem über Gebisspflege. Die dafür notwendigen Vorrichtungen sind auf einem Tisch direkt neben dem Seniorenbuffet aufgestellt. Das ermöglicht direkt nach dem Menü die notwendige Reinigung und Pflege.
Als besonderen Service wird der bei vielen Senioren beliebte Tee mit Gebäck zu jeder vollen Stunde an die Liege gebracht.

Auch die medizinische Abteilung hat aufgerüstet und ihr Angebot seniorengerecht erweitert. Physiotherapie und Massagen sind rund um die Uhr buchbar. Auch Boosterimpfungen gehören inzwischen zum Programm.
Einzig die Zahl der Liegen am Pool ist weiterhin knapp bemessen. Die bei Urlaubern übliche „Reservierung“ mithilfe von Handtüchern ist seit Jahren gängige Praxis. Um den Senioren dabei keine Wettbewerbsnachteile entstehen zu lassen, sind einige Liegen mit vorinstallierter Nackenrolle nur für Urlauber älteren Semesters vorgesehen. Für die Reservierung dieser Liegen

stehen außerdem spezielle Rheumadecken auf den Zimmern zur Verfügung.

Schließlich sind seniorengerechte Hotelzimmer mit einer Schaltautomatik versehen, die die Heizkörper automatisch antreibt, wenn die Raumtemperatur 28 Grad Celsius unterschreitet. So ermöglicht das „Rundum-sorglos-Paket“, dass sich die ältere Generation auch im Auslandsurlaub wie zu Hause fühlt.
Und wer sich so wohl fühlt, dass er dauerhaft oder länger bleiben möchte, bekommt auf Wunsch Beratungen zum Immobilienerwerb vor Ort. Angefangen bei der kleinen Datscha, einem einfachen Gartenhäuschen ab 299.000 €, bis hin zu der Villa „Boris Becker“, einem Luxusgrundstück mit Pool für einen ermäßigten 8-stelligen Kaufpreis. Lust an Heim- und Gartenarbeit werden dabei vorausgesetzt, denn hier ist seit ein paar Jahren nichts mehr gemacht worden. Die ursprüngliche Natur hat sich ihren Lebensraum weitgehend zurückerobert. Genuss pur für den ökologisch aufgeschlossenen Interessenten.

So bietet der Auslandsaufenthalt viel mehr, als sich manche denken.

Urlaubsvertretung einmal anders – Hausaufsicht beim Nachbarn

Was im Arbeitsverhältnis der Kollege war, ist im häuslichen Umfeld nach dem Eintritt in den Ruhestand der geschätzte Nachbar. Man beäugt sich ähnlich kritisch und das Alltagsverhältnis ist nicht immer spannungsfrei. Schließlich gilt es, eigenes Terrain zu verteidigen. Im Arbeitsverhältnis ging es um Kompetenzen. Man verteidigte sein Arbeitsgebiet gegen äußere Einwirkungen, Beschneidungen, Beschränkungen der Rechte, Kritik von Vorgesetzten, vermeidbare Mehrarbeit und ähnliches. Das war nicht immer kollegial im positiven Sinne. An diese Stelle ist nach dem Ausscheiden aus dem aktiven Arbeitsverhältnis das eigene Grundstück oder die Wohnung getreten und die Nachbarn nehmen den Platz früherer Kollegen ein.

In jedem Fall empfiehlt es sich, das Nachbarschaftsverhältnis zumindest so harmonisch zu gestalten, dass eine Hausaufsicht bei längerer Abwesenheit gewährleistet ist. So wie der frühere Kollege die Abwesenheitsvertretung im Urlaub gewährleistete. Andernfalls drohen Schäden bei Einbruchdiebstahl und Vernachlässigung der Unterhaltung und Bewirtschaftung des geschätzten Anwesens.

Dabei gilt das Prinzip vom Geben und Nehmen. Ich schaue bei Dir nach dem Rechten und Du machst es bei mir. Wir haben ja Zeit, wenn wir nicht mehr täglich zum Arbeitsplatz fahren müssen.

Da kann die Hilfestellung schon einmal intensiver ausgestaltet werden. Insbesondere, wenn man sich schon länger kennt und vertraut.

Eine gemeinsame Urlaubsplanung als erster sinnvoller Schritt ermöglicht bei eigener Abwesenheit, dass der anwesende Nachbar die wichtigsten Angelegenheiten rund um Haus und Garten regelt.

Einbruchschutz und die Überwachung der Hauselektronik erfordern schließlich eine ständige Präsenz. Aber auch der Garten und die Posteingänge müssen regelmäßig von Unkraut, Wildwuchs und unerwünschten Werbesendungen befreit werden. Dabei gilt: Je umfassender die Vollmacht für den Nachbarn ist, desto weniger lästige Pflichten warten bei Rückkehr aus dem Urlaub.

Der aufmerksame und pflichtbewusste Nachbar verabschiedet die Urlauber mit den Worten „Ihr erholt euch jetzt erst einmal. Macht euch keine Sorgen, ich komme schon klar.“ – Und zwar bevor irgendetwas sonst besprochen wurde. Eine Aussage, die – wie sich herausstellen kann – auch etwas beunruhigen sollte.

Zumindest lässt sie Spielraum für eigene Interpretationen.

Der Urlauber freut sich grundsätzlich über dieses Engagement seines Nachbarn. Schluss mit überfüllten Briefkästen und zugewucherten Gärten. Das ist doch was!
Wir alle wissen es zu schätzen, so wenig wie möglich mit unwichtigen und unerwünschten Postwurfsendungen belästigt zu werden. Der aufmerksame und qualifizierte Hausbetreuer übernimmt bei urlaubsbedingter Abwesenheit des Nachbarn nicht nur die Leerung von dessen Briefkasten. Ausgestattet mit umfassender Lebenserfahrung führt er bereits eine grobe Sichtung der Posteingänge durch und erledigt routiniert die ihm dringend erscheinenden Briefe. So ist er in der Bearbeitung von Mahnungen und der Korrespondenz mit Behörden eine kompetente Abwesenheitsvertretung. Unwichtige Sendungen führt er nach eigenem Ermessen sofort dem Altpapier zu. Sie müssen den vom Urlaubsstress gezeichneten Nachbarn nach dessen Rückkehr nicht mehr belasten. Ihm reicht dann der Hinweis, es seien nur noch die wichtigen Postsendungen aufgehoben worden. Weniger Arbeit also für den Urlauber.
Schließlich bedarf der Urlauber nach Rückkehr von der anstrengenden Ferienreise in erster Linie der Erholung und ist dankbar für alle erledigten Routineaufgaben. Er schätzt es, wenn der Schreibtisch bei Rückkehr genau so blitzblank vorgefunden wird, wie er bei Abreise gewesen ist. Couragierte Hausbetreuer versprechen das in die Hand.
Öfter kommt es in der Urlaubszeit auch zu Besuchen wichtiger Amtspersonen. Damit sie kein menschenleeres Haus vorfinden, ist eine erste Maßnahme des Urlaubsvertreters auch hier umgehend erforderlich.
Stehen etwa der Schornsteinfeger oder ein Versicherungsvertreter vor der Tür, so hilft ein großes Schild mit deutlich lesbarer Aufschrift „Es ist keiner da, bitte klingeln Sie bei Müller nebenan.“ Der verlässliche und fürsorgliche Nachbar und

Hauskeeper kann so alle wichtigen Entscheidungen sofort übernehmen und entsprechende Schritte einleiten. Er prüft tagesaktuell den Versicherungsumfang seines abwesenden Nachbarn und schließt etwaige Versorgungslücken durch den Abschluss neuer Policen. Hierzu ist wichtig, dass man sich zuvor am Gartenzaun mit dem Nachbarn schon einmal ein grobes Bild von dessen Versicherungsumfang gemacht hat.
Auch steuerliche Detailfragen mit den Finanzbehörden müssen zurückkehrende Urlauber nicht sofort wieder in Alltagsstress versetzen. Einstweilige Anordnungen kann auch der Nachbar für den Urlauber in Auftrag geben. Für spätere Probleme mit Steuerbescheiden ist schließlich eine Einspruchsmöglichkeit gegeben.

Und falls Sie Angst vor Einbrechern haben, die den Hinweis „Es ist keiner da, bitte klingeln Sie bei Müller nebenan" einfach ignorieren, nicht bei Müller klingeln und stattdessen ihr Geschäft als Einbrecher fortsetzen, so fügen sie folgende Fußnote an:
„Einbruch ist zwecklos – alle Wertsachen befinden sich vorübergehend zur Sicherheit bei mir. Gez. Müller"
Diese klare und eindeutige Botschaft wird auch von Einbrechern mit Migrationshintergrund verstanden.

Steht Ihnen eine solche Seele von Mensch in der Nachbarschaft nicht zur Verfügung, müssen Sie nicht verzagen. Sie haben ja die Alternative, einen Angehörigen bei sich wohnen zu lassen, während Sie selbst im Urlaub sind. Das ist nicht nur praktisch und sicherer, sondern auch sehr nützlich. Je nach Begabung der Hausaufsicht können Sie ihm bzw. ihr verschiedene Arbeitsaufträge erteilen. Es empfiehlt sich der Hinweis, man sei zu einigen überfälligen Dingen bisher nicht gekommen und es sei nicht mehr aufschiebbar. So lassen sich einige Maler- und Tapezierarbeiten delegieren, aber auch eine längst fällige Umgestaltung des Wohn- und Essbereichs, sofern der notwendige

Wanddurchbruch zuvor kurz besprochen wurde.

Besonders der Garten bietet bei Langeweile hinreichend Betätigungsmöglichkeiten. Da wäre zunächst der Rückschnitt der Sträucher und Bäume. Ursprünglich als Sichtschutz in Grenznähe zum Nachbargrundstück gepflanzt, sind diese Gewächse schnell zu groß geworden. Hier ist oft Handlungsbedarf und der Rückschnitt verlangt keinen weiteren Aufschub. Vor allem aber ist Geschicklichkeit gefragt. Wird der Rückschnitt mit Schwung vorgenommen, fällt das abgeschnittene Strauchwerk direkt hinter den Zaun auf das Nachbargrundstück. Der aufgeschlossene Zeitgenosse weiß: Damit ist die Entsorgungspflicht auf den Nachbarn übergegangen und eine leidige Angelegenheit vom Tisch.

Nicht gänzlich zufriedenstellend ist auch der Zustand des Rasens, wenn dieser nach einigen Wochen bereits eine lichte Höhe von rd. 65 cm erreicht hat. Hier fehlte zuletzt wegen der Urlaubsvorbereitungen zu oft Zeit und Muße, sich der Grünpflege hinreichend zu widmen. Für den kleinen Elektrorasenmäher nun eine echte Herausforderung. Aber es lohnt sich. Lange vermisste und bereits aufgegebene Gartengeräte und Hausratgegenstände tauchen überraschend wieder auf, wenn die ersten 30 cm des Rasens mit der Sense gekürzt worden sind. Der bereits seit einiger Zeit andauernde Streit mit dem Nachbarn, als dieser behauptete, er habe versehentlich einen Ball über den Zaun geschossen, dieser aber nicht auffindbar war, erscheint auch in einem anderen Licht.

Wenn der Ball nach dem Rasenschnitt plötzlich wieder auftaucht, verändert sich die Sachlage.

Die seinerzeit vorschnelle Äußerung, vielleicht habe er dies angesichts seines täglichen Alkoholkonsums nur geträumt, müsste nach dem Rasenmähen irgendwie ohne Gesichtsverlust zurückgenommen werden.

All diese und weitere wichtige Angelegenheiten kann die Hausaufsicht bei Ihrer Abwesenheit erledigen. Machen Sie ihm dafür eine ausführliche Liste. Und wenn Sie im Nachhinein mit der einen oder anderen unabänderbaren Entscheidung Ihres Nachbarn während Ihres Urlaubs nicht ganz einverstanden sind, so bewahren Sie einen kühlen Kopf:
Auch Ihr Nachbar macht mal Urlaub und dann sind Sie gefragt!
Ihre Stunde wird in jedem Fall kommen …

Und sonst ... neugierig bleiben

Wenn Sie dieses Buch gelesen haben, so werden Sie hoffentlich schon deshalb in Bezug auf Ihr Alter gelassener sein.
Meine mitunter humoristisch verpackten, aber durchaus ernst gemeinten Ratschläge wechseln sich ab mit Episoden aus dem Alltagsleben, die meinen Beobachtungen entsprungen sind. Natürlich ist nicht alles wirklich so passiert, wie ich es beschrieben habe – hätte aber sein können. Und auch habe ich manches arg überspitzt dargestellt. Ausgangspunkt der einzelnen Kapitel sind aber durchweg eigene Erlebnisse bzw. die anderer Mitmenschen. Also pure Realität.

Einiges davon folgt einem bestimmten Grundmuster, das immer wieder zu beobachten ist. In dem Bemühen, eine Sache besonders gut zu machen, scheitern wir oftmals ungelenk, wenn wir uns darin verbeißen oder verkrampfen. Manches ist auch pure Überschätzung. Davon ist niemand frei.
Auch wenn vieles in den Geschichten gut gewollt, aber schlecht gemacht ist, was ich Ihnen an Erlebnissen schildere, so mag es Ihnen doch eine Anregung für eigene Aktivitäten sein. Nehmen Sie dabei Ihr Scheitern bewusst in Kauf. Umso seltener werden Sie scheitern.
Bleiben Sie locker und geduldig, konzentriert und sachbezogen.

Auf eine kurze Erfolgsformel gebracht, wie Sie Ihr Alter und die nachlassenden körperlichen und geistigen Kräfte gut ertragen können:
Bleiben Sie aktiv!
Bleiben Sie neugierig!
So vermeiden Sie die Altersdepressionen und umgehen die drohende Antriebslosigkeit, Lustlosigkeit und den Verlust an Interessen.

So sehr Sie vielleicht das eine oder andere Kapitel für leicht übertrieben halten – alle darin geschilderten Lebenssituationen zeigen den notwendigen Aufwand, seinem Tagesablauf eine Struktur zu geben, soziale Kontakte zu pflegen – was besonders wichtig ist – und in seiner Freizeit so aktiv wie möglich zu sein. Kurzum: Bewegen Sie sich an der frischen Luft. Treiben Sie mäßigen Sport, der auch aus Spazierengehen bestehen kann. All dies stärkt letztlich Ihr Selbstwertgefühl und Sie haben Lust auf weitere Aktivitäten.

Sie werden sehen. Sie bleiben neugierig auf das Leben, auf Menschen und Meinungen, auf neue Themen, auf Alltägliches wie den Sonnenaufgang, auf die Nachrichten in dieser Welt und nicht nur darauf, was Ihre Nachbarn so treiben. Wobei Letzteres zuweilen auch interessant sein kann.

Sie wundern sich und hinterfragen, warum Ihre Waschmaschine den insgesamt vierten Reparaturschaden innerhalb von zwei Jahren hat und wie viele Welttourneen die Rolling Stones mit ihren 80+ an Jahren noch absolvieren werden. Sie erleben die eine oder andere Diskussion über gesellschaftliche Veränderungen. Nehmen Sie daran teil! Schließlich sind Sie auch im Alter Teil der Gesellschaft.
Und das hoffentlich noch eine ganze Weile …

Der Autor Helge Holm

Helge Holm, geboren 1960, ist Dipl.-Verwaltungswirt, Dozent, Buchautor und Musiker.
Nach einer Verwaltungsausbildung und einem anschließenden Fachhochschulstudium war er lange Jahre in der Kommunal- und Landesverwaltung tätig. Seine Arbeitsschwerpunkte lagen in der Finanz- und Haushaltsplanung, Haushaltskonsolidierung sowie in betriebswirtschaftlichen Fragestellungen.
Helge Holm betätigt sich bereits lange Jahre als Musiker und Komponist und hat vier CDs herausgegeben.
2018 veröffentlichte er das Buch „Erfolg im Musikbusiness – Wissenswertes über Popularmusik“, erschienen im Fidelio-

Verlag.

2019 erschien mit „Haushaltskonsolidierung in Kommunen – Wege aus der Finanzkrise“ sein erstes Werk im Haufe-Verlag.

2020 wurde mit „Generation Babyboomer“ seine autobiographisch geprägte Sicht auf das Zeitgeschehen der letzten 60 Jahre in Deutschland im DeBehr-Verlag veröffentlicht.

2021 veröffentlichte der Haufe-Verlag das zweite Buch von Helge Holm „Entscheidungsmethoden in der öffentlichen Verwaltung – sicher, wirtschaftlich, transparent“.

Im gleichen Jahr erschien mit „Das bisschen Alter kann uns mal…!“ eine humoristische Betrachtung über den Alltag der Menschen in der zweiten Lebenshälfte im DeBehr-Verlag.

Mit „Aufstieg und Erfolg im Musikbusiness – Karriere-Aufbau im Bereich Solo-Artist oder als Bandmitglied“ veröffentlichte der DeBehr-Verlag 2022 eine Neuauflage des 2018 erschienenen Werkes.

Am 01.09.2022 erschien eine musikalische Biografie über den Musiker, Komponisten und Entertainer FRANK ZAPPA: „The Torture Never Stops“ im Dirk-Laker-Verlag.

Kontakt über Email: helgeholm@gmx.de

Mehr von Helge Holm bei DeBehr

Klopfen die 50 an die Tür? Oder sind die 60 schon überschritten? Reißt der Wecker nicht mehr aus Träumen, weil der Arbeitsmarkt Sie in den Ruhestand geschickt hat? Sind die Kinder aus dem Haus? Wuselt Ihre geliebte zweite Hälfte beständig um Sie herum? Lockt die Couch mit Mittagsschläfchen-Angeboten? Glückwunsch, SIE SIND NUN ALT! In Rücken und Hüfte zwickt es. Der Friseur bändigt nur noch zarten Flaum. Die Augen schwächeln. Und es muss nicht immer Sex sein, ein gutes Essen tut es auch, was sich erfolgreich an den Hüften manifestiert. Eine üppige Lebenserwartung schubst uns gnadenlos in eine nie zuvor gekannte Leere von Tagen ohne gewohnte Pflichten. Die Zeit der neuen Selbstfindung steht bevor. Und deren wundervolle Möglichkeiten sind schier unbegrenzt. Machen Sie das Allerbeste daraus! Wie das geht, zeigt Helge Holm auf humorvolle Weise in seinem Ratgeber für alle, denn Alter ist Programm für jeden … irgendwann.

Paperback mit 188 Seiten, 11.95€, ISBN: 9783957538710

Der bekannte Musiker, Autor und Schauspieler Helge Holm gehört der Generation der Babyboomer an, jenen geburtenstarken Jahrgängen, die in einer Zeit aufwuchsen, welche gehörige Umbrüche brachte. Massive politische, wirtschaftliche, gesellschaftliche und nicht zuletzt technische Neuerungen standen an, quasi über Nacht wurde Vieles ganz anders, und so wurden die Boomer gezwungen, sich neu auszurichten. In seinem Buch beschreibt der Autor, wie diese Umbrüche sein Leben schicksalhaft beeinflussten und er das Beste daraus machte. „Verstehen kann man das Leben rückwärts; leben muss man es aber vorwärts", diese Weisheit haben die Babyboomer mehr als verinnerlicht. - Sie sind ein Babyboomer oder wollen wissen, wie Babyboomer ticken? - Sie suchen eine Herausforderung, vielleicht gerade in Ihrer 2. Lebenshälfte? - Sie sind mit Ihrem Leben nicht zufrieden und brauchen Anregungen, um etwas zu verändern? - Sie suchen Erfolgsrezepte und haben noch nie etwas von Frugalisten gehört? - Sie interessieren sich für schicksalhafte und interessante Lebensläufe? - Sie befinden sich permanent im Unruhestand? - Sie interessieren sich für deutsch-deutsche Begegnungen? - Sie wollen wissen, wie ein 60-jähriger Mensch seine Kindheit und die Zeit des „Damals" und „Heute" reflektiert? - Sie wollen wissen, wie man ohne Computer, Internet und Handy überhaupt existieren konnte? - Sie sind künstlerisch interessiert? - Sie wollen wissen, wie man einen Burn-out überwindet? - Sie leben eigentlich im falschen Leben? Dann lesen Sie dieses Buch!

Du bist auf dem Weg zum Musiker oder verdienst bereits Geld mit deiner Leidenschaft, möchtest aber noch erfolgreicher werden? Dieses Praxisbuch zeigt Dir, worauf es ankommt und wie Du die notwendigen Schritte vorbereiten kannst, gewinnbringend Karriere zu machen. Bist Du eher der Solo-Musiker oder möchtest Du in einer Band auftreten? Wie findest du eine Band, die zu Dir passt? Welcher Musikstil soll es sein? Was sind die goldenen Regeln des Songwriting? Welche Technik und Ausstattung benötigst Du? Wie findest Du das perfekte Tonstudio? Welche Werbung bringt Dir Erfolg? Was musst Du bei Auftritten beachten? Welche Verträge im Business sind wichtig? Welche Fehler gilt es zu vermeiden? Dies und viel mehr erklärt auf verständliche Weise dieses Buch. Auch ohne Vorkenntnisse oder Beziehungen kannst Du Deine Strategie umsetzen und endlich mit Deiner Musik Geld verdienen.

Paperback mit 232 Seiten, 12.95€, ISBN: 9783957539663

Mathias Hirsch:
Das Haus

IMAGO
Psychosozial-Verlag